JN139912

新月は浄化のエネルギー、満月は満ちるエネルギー

新月には願い、満月には感謝する

新月と満月の時、月の引力は最も強くなる

新月と満月ではエネルギーの作用が逆になる

満月の日は出生率が高くなり、新月の日は出生率が最低になる

満月の時は太りやすく、新月の時は排出しやすい……

満月・新月の時、通常よりもカンが冴《さ》える
満月時には動物的・肉体的なカンが冴え、
新月時には精神的・内省的なカンが冴える……

満月には満ちていく感情に従って、行動がしやすくなり、
新月には放出される感情に従って、浄化や瞑想、内省がしやすくなる

太陽が12カ月かけて12個の星座を移動する時、
毎月起きる新月・満月にはそれぞれに意味がある——

手から〈魂のカタチ〉をリーディングするセラピスト良美。
新月／満月のタイミングでその折々の星座のエネルギーを感じ取り、
宇宙の無限のパワーとメッセージを石鹸《せっけん》に込めて世に送り出している。
日々のカウンセリングで、宇宙の法則、潜在／顕在意識、魂と肉体の学び、
波動の仕組み……それらを解き明かしながら、
数多くのクライアントの悩みを解決してきた。

神経科学から〈魂のイゴコチ〉を高める臨床活動を行うセラピスト咲子。
科学的アプローチのカウンセリングによって、
国内外で数多くの実績を積み上げきた。
そんな彼女自身に降りかかった人間関係の苦悩と試練、
妥協するのか、我慢するのか、迷いの中で、見つけた答えは……。

咲子が相談者に選んだのが良美だった。
セッションは、良美が石鹼に込めたタイトルのメッセージを軸に、
奇跡のシンクロを巻き起こしながら進む。

異なる二つの世界を生きてきたセラピスト同士、
スピリチュアルと科学が混じり合い化学変化が起こり始めた。

宇宙は完璧。

「自分の魂のカタチのままに生きる」を伝えるために

二人の実録セッションが、ここに生み落とされた――。

Contents

Chapter 1

Session 1

Chapter 2
【2016年1月10日 山羊座の新月石鹸】
覚悟！
――〝社会のいい子〟はやめる！　宇宙枠で生きる変態になれ！

Chapter 3

Chapter 4

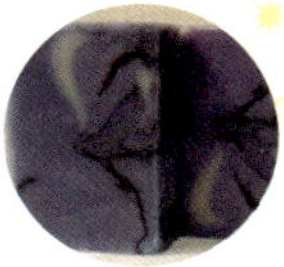

Chapter 8

Chapter 9

Chapter 10

【2016年8月3日　獅子座の新月石鹸】

輝く!

——もう悲しみ、怒り、恐れを原動力に生きる必要はないよ

Chapter 11

【2016年9月1日　乙女座の新月石鹸】

リアル&本物のコミュニケーション

——スピリチュアルと神経科学の融合を発信していくミッション

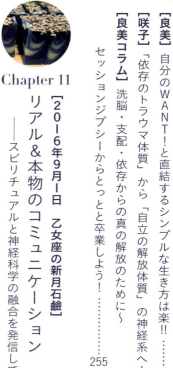

これから展開される魂の解放の実録は、実話を基に構成されています。
個人の名誉・プライバシーを尊重するために架空の場所、名称・名前を用いています。

装丁　百足屋ユウコ（ムシカゴグラフィクス）
カバー&本文イラスト　hiromi
顔アイコン&カバー裏面イラスト　ジージョ
図表図版　木村健／木村麻子
校正　麦秋アートセンター
本文仮名書体　文麗仮名（キャップス）

Prologue

これって本当に幸せなの？ 科学系セラピストの悲痛な叫びから始まった生き方大転換の奇跡《セッション》！

〈咲子〉「よしみの手相観」？　手の甲から魂のカタチ?!　これだっ！

私は都内でセラピストとして活動している。

対話形式の心理カウンセリングはもちろん、身体感覚を使って自律神経系に働きかけるというセッションも同時に取り入れている（270ページ参照）。自律神経とは興奮――リラックスの神経系で、バランスが崩れてしまったこの2つのパターンを正常値に向けて整えていくことを私はやっている。またホルモンや神経伝達物質にも焦点を絞り、内分泌系や免疫系、神経系と、様々な心身症状との関連を見出《みいだ》しながら、症状を改善させることを目標に臨床活動をしている。

私のセッションを訪れる方々は、うつ、パニックなどの不安障害のほかに、トラウマによる心身症状に苦しむ方も多い。症状としては、片頭痛、過敏性腸症候群、慢性疲労、慢性疼痛《とうつう》、線維筋痛症、自己免疫疾患など。そして、それら心身症状の改善のためには、必ず認知や思考だけでなく、それを形成している神経のあり方を見ていくことが重要だ。

心身症状は、神経系の系統的な発達において愛着の形成——安心・安全——という経験の乏しさから発症することになる。最初に触れたように、身体感覚を使って自律神経系に働きかけるアプローチは、こうした愛着の修復に取り組むことになるのだが、心身のパターンを変えていくことで効果を上げることが実証されてきている。

私の活動は、年間約８００時間のクライアントへの個別セッションのほかに、国内外で行われる、一般向けや専門家向けの講演会や研修会などがある。どれもこれまでは心の問題として扱ってきたことを神経生理学の知識を用いて理解を深めるという内容だ。

２０１１年3月11日に起きた東日本大震災での被災地では、お集まりいただいた地元の人々に向けて、集団での自律神経を整えるエクササイズを行った。神経系を落ち着かせながらも心地よく活性化させ、被災体験を乗り越えて元気になってもらうという、実践を兼ねたエクササイズだ。私が考えたこのエクササイズと活動は雑誌にも取り上げられ、現在は電子書籍としても出版されている。これがきっかけで医療機関の方々、被災地へ研修に来ている援助組織の方々、ＨＰから知っていただき心身症状に苦しむ方々……様々なところからクライアントさんが集まってくださった。

２００8年からは、個人事業主であるセラピストとしての仕事、講演・研修の講師のほかに、ヨーロッパに本部を置く、国際的なサイコセラピスト協会と関わり、その協会のＮＰＯ職員としても活動してきた。主な活動としては、協会が提唱する、講座開催時の研修補助などだ。

2014年９月福島

被災地で行った自律神経を整えるエクササイズ

2015年10月福島

雑誌「ソトコト」2015年12月掲載

この組織が提唱する心理療法は世界中で広められており、日本国内でも、医師、心理職、教職、ボディワーカーなどの方々向けに技術習得の研修が行われ、延べ200人近くの受講生がいる。

昔からチャレンジ精神が旺盛な私は、様々なスキルを学んで磨き、臨床に適用することに喜びを感じていた。協会内では他の人に負けないぐらい多くの経験を積み、能力も培《つちか》ってきたつもりだ。

しかし、そんな私に降りかかってきたのは、テレビドラマでよく見るドロドロした人間模様だった。私の積極的な活動を面白く思っていない人たち――この協会を取り仕切る年配の方々――による陰湿な排除劇が始まったのだ。

さらに顕著になってきた風あたりの厳しさ。

数々のささいないじめの言葉が繰り返され続ける。

協会を取り仕切る権威者や外国人講師たちが、(私を排除するために) 強く指摘してきた内容はというと……

・講義中スマホをいじっていた。
・クラスに遅刻をした。
・花を管理する担当なのに枯らした。
・研修中、講義を退屈そうに聞いている。

・あなたがいるせいで、私が講義の途中で具合が悪くなった。
・あなたがいるとやりづらい。
・悪口を言われて批判されているような気がする、謝ってほしい。
……etc.

あまりに幼稚な言いがかりばかり。逆にいちいち何をどう言って反論したらよいかも思い浮かばないまま過ごした。そして、こういうことには長年の経験上、そのままにして嵐が過ぎるのを待てばいいと、目障りにならないように存在を消す作戦を敢行した。

「研修会をやりにくくしてしまって本当に申し訳なかった」と講師や幹部には伝えた。

心にもないコトバを伝えながら、「これが大人のやり方なのだ」「私はなんて我慢強いのか」「こうやって精神面は成長していくのだ」……そう本気で自分に言い聞かせたりした。

それに個人事業主でもある私。やっぱり、安定が欲しい。自分が不当な扱いを受けてもやり過ごして、少しでも生活が安定すればいいとも思っていた。大人とはそういうものだと。

協会での研修に関わる仕事は、全てがボランティアとしての参加だった。それでも仕方ない。その後の私個人のセッションや講座、コンサルテーションに参加者が来てくれればいいのだから。ここは宣伝の場、そう割り切ってちゃんとしていなきゃ。表面上は穏やかそうにしていよう。天網《てんもう》恢々《かいかい》疎《そ》にして漏らさず、なのだから。38歳を過ぎた頃から、自分以外の〈何か〉に期待しても失望しかない、ということは分かってきていた。

いろんな指導者を見てきて尊敬しても、いつも失望のドラマに終わった。指導する側のインナーチャイルドが癒されていない状態であれば、いつかほころびは必ず出る。ひるがえって私の場合でいうなら、今まで協会の研修補助に尽くしてきた功績なんて、理解も尊敬もされない環境で、これ以上ここでやっていく必要があるのか。大人になって続けていく忍耐をあとどれぐらい強《し》いられるのか……所詮どこの世界でもある小さなこと。でも、やるせない気持ちと疲労感もどんどん募ってきた。

この協会と関わって仕事をしてから約10年。実績と実力をつけるほどに比例していく理不尽さに、いつ辞めてもいいのに、学びが足りないような気がしていたし、何より「繋がり」という名のもとにコミュニティに所属することがよいことだと信じ込んでいた。

「おしん」のように何を言われてもされても耐えている姿に研修参加者の人々が、「咲子さんにはお釈迦様がついているよ」と言ってくれた。その時は自分の忍耐が報われたようで、正直ほっとしたが、でも今思えば、全然嬉しくもなんともない。

社会に認められたいがゆえに頑張ってきたが、心も体も悲鳴をあげている自分にもう気づいてしまった。この協会との関わりだけじゃない。自分個人で教えている講座は移動の多さと体力とお客さんを満足させなければというプレッシャーの連続で限界にきていた。

振り返れば、プライベートでも自分を小さくみせること、自分を犠牲にして相手に合わせることで円満に過ごそうとしていた。自分が不審に思っていることと、気に入らないことは極力言わないように努めていた。

でも……公私ともに日本での私は、行き場のない生きづらさの中でもがき、もう八方塞《はっぽうふさ》がりの状態になっていた。

２０１５年10月には変な咳をするようになった。それでも不思議なことに、アメリカに行く飛行機に乗ったらピタッと止まった。いろんなしがらみから自由になって、自分勝手で、贅沢で、忍耐が好きじゃない自分でいていい時間。海外にいるときは、自分を我慢させなくていい、抱く感情のままでいい、等身大でいい自分。幸いにも数カ月に1度は、そんな気分転換ともなる海外研修に行くようにしていたので、なんとか心身ももったのだろう。

国内にいる時は、この状況をなんとか切り抜けるための〈何か〉を探すため、少しでも仕事やプライベートでうまく立ち回っていけるように、上手なコミュニケーションができるようにと、気になるセッションがあれば、心の赴くままにどんどん受けることにした。

たしかにセッションを受ければ受けるほど、自分の柔軟性が増して、より多くのストレスに耐えられるようになっていた。Ｗｉｎ－Ｗｉｎ（お互いが勝つ）コミュニケーションができるようになっていたり、意に沿わないことでも文句を言わず効率よくその場をこなす自分を手に入れることもできた気がした。様々なテクニックで、その場では怒りを和らげて許せる気持ちになっていたり、ストレスへの許容度は上がったのかもしれない。辛い経験の脱感作*もした。様々なテクニックを使って感情を和らげたり、抑えるのがうまくなっていた。

でも何かしっくりこない……。

＊脱感作：ある刺激に対する過敏性を徐々に刺激を増すことで減弱させていくこと。

大人しくて、文句も言わず、たくさんの仕事をこなす……。アサーティブ（自他を尊重した自己主張の仕方）という都合のよい大人の概念のもと、建設的に意思を伝えることはできる。でも、相手にとって都合のいい、便利で優しくて、臨機応変な人になってしまっていた。「あの人に頼めば、やってくれるよ！」「あの人は優しいから、便利だから」みたいな……あぁあ、溜息しか出てこない。
結局は、堂々巡りの迷宮に入り込んで出られずもがき苦しんでいた。

そんな時、「手の甲を読むセッション」という不思議な情報が舞い込んできた。

そう。ある日ふと、自分のことで気づいたことがあった。自分がセラピーをしている時、クライアントさんの手の形を見ながら話をするという面白い癖があることに。何気なく目がいってしまう。なぜだろう？
そんな気づきと、「手の甲を読むセッション」というキーワードが結びついて、自分の中で抑えきれないほど一挙に興味がふくれあがった。

「よしみの手相観」……。

こんなメッセージが目に飛び込んできた。

突然ですが、あなたは誰かに手相を観てもらったことがありますか？

手相というと「占い」というイメージがあるかもしれませんね。

例えば、私は結婚できますか？　とか、仕事で成功できますか？　とか、それら希望する未来のことを聞いて、それが叶うかどうか知るのが手相……というイメージをお持ちかもしれません。

私は20年来、手相観をしています。「よしみの手相観」は、そういう一般的な占いとはちょっと違うのです。

一般的……？　とは、いわゆる、社会から観た時の自分の評価が、幸せに見えるか？　豊かであるか？　認められているか？　愛されているか？……そういうことですね。

私は、それぞれの肉体にはそれぞれの魂が宿っていて、本当の幸せ、ワクワク生きること、……は、その宿した魂に沿って生きることだと考えています。その魂のカタチは、時に、社会から刷り込まれた幸せや価値観と大きくずれています。

宇宙は完璧なプログラミングで、自らに宿した魂がどんな形で、何を学びに来たか？　を知るためにそれぞれの人生に必要な出来事を引き寄せてくれます。

それは例えば、そのままの自分で生きる過程で、怒られ、いじめられ、抑圧され……そんな様々な体験の通過です。

そして、私たちは言います。「自分はもっとこうならないと。こんな考えや思いは捨てないと！」

……そうやって、自らの魂とは逆行して生きていきます。

その時に、ワクワクはなくなり、疲れ、ストレスを溜め、最終的には身体を壊し……。
はい。そこでやっと、魂の声を受け入れます。
そこで、やっと覚悟ができるのですね。自分らしく生きる！……と。
その、魂の声を聞くことこそが、本来私たちがこの地球に生まれ、存在している理由なのですね。

中略

よしみの手相観では、
そのご自分の中に宿した魂のカタチをお伝えしています。
手全体から、その方が抱えている苦しみ、魂のテーマ、
ワクワクする生き方、幸せのカタチ……それらを読み取ります。

その声に従って、自分に軸を置き、ブレずに進む。

それが、「自分らしく生きる」ことに繋がると思います。


……シンプルにストレートに私は面白いと感じた。

「手相とは違うんだな、自分の魂のカタチ……!?」

今まで我慢することが美徳で、忍耐強さと優しさが自分だと思い込んできた。控えめで、謙虚で、気を遣う人……。


………（今までと）違う。

これだっ！


あっという間に迷わず申し込んでいた。

私は、松本良美先生に会おうと決めたのだ！

２０１５年もそろそろ終わろうとしていた。

Sagittarius

2015年12月11日

✸射手座の新月石鹸

Chapter 1

✸

突き抜ける!!

✸

——どこに向かう?

何がしたい? どうなりたい?

Message put in Soap

{石鹸に込めたメッセージ}

方向性を決めて突き抜ける！
自由！　冒険!!　楽観!!!
もう抑えるのはやめちゃおうよ!!!
好きなものは好き!!　したいコトはする！

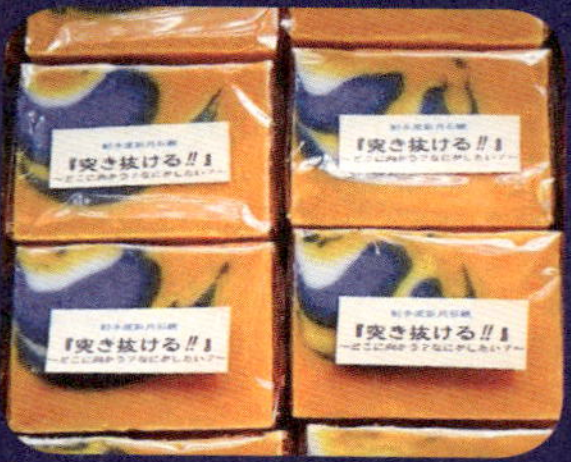

天然の素材たち

無添加の圧搾植物オイルがベース。
オリーブオイル、ココナッツオイル、パームオイル。
オレンジはレッドパームオイル。
青はウルトラマリン。
白はシリカサンド。
香りにはジンジャー、ライム、レモンの精油をチョイス。

Yoshimi

宇宙さん、どこまで自分の常識壊せば本当に自由になる？

２０１５年7月に17年間連れ添った夫が３度目の大病による入院。

夫の入院の報せを聞いたのは、初めての北海道での出張セッションと手相観講座を開催するために札幌入りした1日目だった。それから３日間、予約の入っていた仕事全てを済ませて群馬へ戻り、病院へ駆けつけた頃には、ほんの数日前に駅まで見送ってくれた元気な夫とはまるで変わり果てた姿になっていた。ＩＣＵで酸素マスクと何本もの点滴、体中の粘膜がケロイド状に剝《は》がれてめくれ、ベッドに縛り付けられて、生死を彷徨《さまよ》う状態だった。5年前に患った難病とはまた違う、１００万人に1人の確率という難病「スティーブンス・ジョンソン症候群」の診断を受ける。

そこから怒濤《どとう》の毎日が始まった。

県内外の手相観セッションは2カ月先まで予約が埋まっている中、夫の看病と高1と中2の二人の子供たちを学校に送り出す日々。たくさんの人のサポートを頂けたことで仕事は休むことなくこなすことができたけれど、実際は心身ともにボロボロだったはず。なのに、疲労も全く感じられないほど、精神力だけで生きていた。

同時に、自分の人生をいよいよ振り返る時間として何度も何度も自分の中から疑問が湧《わ》き上がってくる日々だった。これからの未来、いったいどうなっちゃうの？　どうしていきたいの？　私……、と。

7月・8月の夫の入院生活の間はとにかく体の回復に全力を注ぎ、無事に退院できた9月には一つの結論を出した。

魂の抑圧のサインは、無視し続けると病気であらわれる、とセッションで伝え続けてきた良美にとって、インドネシアで生まれ、海と山と自然とともに生きてきた夫が、日本の生活に合わせるために、自らを抑圧してきた結果がこの病気だと認識。

夫や父親の枠を外して、生まれ育ったインドネシアの土地に魂は戻りたがっている、と感じ、退院後にも続く病気療養の場所は日本ではなく生まれ故郷が最適、と、夫一人でインドネシアに帰国することを夫婦で選択。

肉体的に離れても、絆は繋がっていることを信頼しつつ、結婚という契約はもはや不要、と夫婦で話し合い、2015年9月末の満月に家族全員で仲良く離婚届を役所に提出した。

腹を割って話せば、実際のところ、離婚という選択肢を選べた良美には、安定しない結婚生活の中、現実逃避からか、夫以外の他者と恋愛関係を持ってきた、という事実があった。もしも、夫以外に心を奪われる相手がいなければ、夫の3度目の大病にしても、まだ、離婚という選択ができなかったのもまた現実だったと思う。

その夫以外の男性との関係がどうこうよりも、様々なカタチでここ数年の自分には、状況を変えるための起爆剤を日常の中に求めていたのだと思う。潜在的に、「大きく人生を変えたなら、自分自身が変われるのでは？」と数年前から思っていたことは否めない。

夫以外の男との恋愛を通して知る、女としての自分の生き方。仕事の活動枠を広げたことで知る個としての社会での、仕事でのあり方。いわゆる、自分の枠をぶっ壊すきっかけは、40歳を過ぎた頃からたくさん訪れていた。自分の常識を壊せば壊すほど、多くの刷り込みがなんと多いものかと気づく。そして全ての元型を生み出した両親との親子関係についても考えさせられた。


周囲からは〈自由に楽しそうにやっているよね〉……なんて言われてはいたけど、まだまだ、役割を演じ続けている自分はいるのだ。「こうでなきゃ。こうしなきゃ」という思考。いわゆる固定観念。社会から見た自分。刷り込まれた常識。

自分から自由をなくして窮屈にさせてきたそれらをどんどん壊し、自分軸で決定していく生き方にここ数年シフトしてきた。魂のままに生きる、それを実践して伝えることを仕事にしてきた自分には、まだまだ壊すべき固定観念という枠が自分の中にあることを痛切に感じていた。

全ての枠を取っ払ったうえで、自分が活動したら、どれくらい未知のステージが待っているのだろうか？……という、自分に対する期待。

44歳の頃には、良美の中に「期待を持って結婚して以来、イメージ通りの安定した家族を作れたわけじゃなかった。常に自分が不安と闘いながら、一人の女性としてではなく、妻として母として、頑張り続けることへの、終止符を打ちたい」という気持ちが明確に芽生えていく。湧き上がるのは「本当に自由になりたい!!」という魂の声。

3度目となった、家族全員の生活を揺るがした夫の入院の第一報を札幌で聞いた時、実際私は冷静だった。ずっとこのままの状態を続けるのか、一回リセットして、新たな人生をスタートさせるのか？　自分にとって、大きな節目となる分岐点となることを知っていた。「宇宙さん。そこまで崩壊しないとダメですか……」そんな感覚だった。

補足になるが、自分の先祖のルーツにアイヌの血が流れている、ということを歴史の教師でもあった叔父から聞いていた。夫が入院した、との電話を受け取ったのは、ご挨拶にと、アイヌの聖地でもある円山公園に足を踏み入れた時だった。そのまま隣接する北海道神宮を訪れて、夫の無事を祈願した直後に、地鳴りのように鳴り響いた神社の太鼓の轟音は、今でもリアルに身体に刻まれている。

良美が向き合ったのは、一人で子供二人を育てる、という選択に対する不安感と、家の中に男の存在が居なくなる、という不安感。

それでも、魂の解放を選択。

不思議なことに、その決断をした直後、ハワイを拠点に活動しているチャネラーさんに偶然にも群馬で会えたり、チャネリングを仕事にしている日本人の方、普通の主婦であるかつてのクライアントさん……などなど、同時期、矢継ぎ早に5名と出会う。みな、様々な形で宇宙からのメッセージを受信してくれたようで、私が聞いたわけでもないのにその内容を伝えられた。不思議なことに、みな同じく、〈旦那さんをインドネシアに帰して、良美は自由になってください。もう自己犠牲はいりません〉そんなメッセージだった。ハワイのチャネラーさんからは「あなたはとても芯の強い女性。離婚しても何の心配もいらないわ。しっかりとやっていける」と、私の不安を見透かすかのように助言をもらった。これも、自分の決断を後押しする強力なサポートとなったのは言うまでもない。

9月末の夫の退院を経て、10月末の夫の帰国を見送った後に、12月の新月につけたタイトルは「突き抜ける！」

自分の枠も殻も破った先に、どこに方向を定める？　どこに行きたい？　どうなりたい？　射手座のエネルギーを感じて、自分に問うカタチで生まれたタイトルとなった。

Session 1

2015年12月16日

魂のカタチって何？
宇宙・意識・波動の完璧なプログラミング

自分らしく魂のまま生きるためには魂の癖の解除が必要

（怪しい感じだったらすぐに帰ろう！　そのくらいの軽いノリでいいんだよな……。アメリカでカウンセリング心理学修士課程に通ってから13年。たくさん時間もお金も労力もかけて勉強し、セラピストとして集客に困ったことなど一度もなかった。どこかいつも無理して相手に合わせて我慢してきた。プライベートも仕事も骨折り損の連続だった。作るもの全て何らかの形で奪われ、妥協した結果、不満を持ち続けていた。

報われない……。どんなに頑張っても横取りされて、報酬を貰えないこともあった。私は、フリーランスの自由を味わいながらも、周りに怒りを募らせながら、表面上はうまくやっていた。自分の人生ずっとこのままなのかなぁ？　なんか違う気がする。クライアントがよくなっていくのを横目で見ながら、セッションするたびに虚《むな》しくなっていく。こうやっていわばクライアントのため、受講生のために身を削りながらこの人生を閉じるのだろうか。仕事で自己実現、聞こえはいいけど私には違和感が残る。休みたいのか、それとも辞めたいのか。そんな思

いが湧き上がる中、「……占いだよ、いわば遊びだよ」そう自分に言い聞かせていた。……私何しに来ちゃったのかな）

なんとなく面白そうだと思って来てしまったのですが。

そんな感じでいいと思います。私たちはとても抑圧されてた状態で存在している。なんとなくという感覚。それでいいんだな……、ぐらいに思っていただけたら。

（HPで見ていた方だな……。私は結構こういう姉御タイプの人、好きなんだな。女子っぽい人より。……なんて、いろんなことが頭に浮かびながら）そうなんですね、よろしくお願いします。

まずは、私が「手を観る前にお伝えしていること」があるので、そこを話すね。

（この「手を観る前にお伝えしていること」がこうして本になるとは、その時は想像だにしていなかった〈本書刊行前の余談〉。魂という言葉が出るたび、「スピだ、また！」などと思っていた。愛だの、感謝だの、リスペクトだののそんなものは美辞麗句だと思っていた。私もたまには商売上使ってしまっていたけれど、現にそういう言葉を使う人ほど、現実逃避をして人生が

うまくいっていなかったり、周りに承認を求める生き方をしていて見ていて痛かった）

この先、セッションの中で、〈魂〉というコトバがたくさん出てくる。魂って聞いたことはあるけど、じゃぁ、魂って　なんなの？　ってトコロもあると思うので、まずは、その魂さんについて話すね。

はい……。

咲子さんは、今、何歳？

38歳です。

では、地球にオンギャーと生まれてから38年間、この椅子に座るまでの今日まで、咲子さんはその肉体に魂を宿してきたわけだ。普段の日常で、アナタと私は、目に見える〈肉体〉というものと向き合っているよね。アタシがこれから話すのは、咲子さんが肉体の中に宿した魂さんのこと。その魂さんとオハナシをするね。魂さんが反応するから、「あ、これが魂の声なんだ」って感じてもらえると思うよ。

あ……はい。

ではね、咲子さんの肉体が、この地球上にオンギャーって生まれる前の40年前、50年前は、その肉体の中に宿っている魂さんはドコにいたの？　ってところにさかのぼって話す。

私はそこで言うの。

「咲子さんの魂さんは宇宙にいました」……って。

宇宙の一部、としてね。

非物質の見えないエネルギーとして、カタチとしては認識できない存在で、宇宙の一部として咲子さんの魂は存在していたの。

自分の中の宇宙、なんてコトバを聞いたことがあるかな？　それは、私たちの中に宇宙からやってきた〈魂〉が宿っているからなんだよ。私たちの中には宇宙のエネルギー、波動、振動がアルっていうこと。

……自分の中の魂とは、宇宙エネルギーが自分の中にある、と表現されるんですね。昨今エネルギー心理学とか言いますが、まさに先生が魂というのが宇宙からやってきたと言うならば、私はその宇宙エネルギーの質を高めていくにはどうしたらよいかということをやっています。

……でも、……そもそも魂って、何ですか？

うん。〈魂〉とは、エネルギー体。波動。振動。そんなコトバでも表現できるの。難しく分類すると、それぞれのコトバには違いもあるのだけど、ここでは、同じモノとして感覚で受け取っておいてね。
その魂が、エネルギーの状態の時、まだ、咲子さんの肉体の中に宿る前の魂は、この太陽系・地球を包み込む宇宙のどこかにいて、そこから地球を見ていた、ってイメージしてみて。
その魂はね、輪廻転生を繰り返しながら様々な体験や経験を重ね、自分の魂のカタチを知る、味わう、という学びを繰り返してきた。咲子さんの魂にもかつて生きて存在してきた前世があり、その前世での肉体に寿命がきて、その肉体が灰になって土に還るとき、魂はその肉体を離れて、肉体から抜け出し、飛び立ち、やってきた宇宙へと還る。
死ぬ直前に、たくさんの体験を走馬灯のように振り返りながら、今世で成し遂げられなかったコトなどを感じて「来世はこうしていこう」とか思う、なんて話や、幸せだったことを感謝する、なんて話は聞いたことがあるかもしれない。

……。（ここはお決まりのスピの話だな。やっぱり怪しいのかな……）

そして、今世、この咲子さんの肉体に宿る前、40年前、50年前ね。咲子さんの魂は宇宙から、次の転生先を探していたの。宇宙の一部として存在しながら。

（コクリ）

咲子さんの魂には、前世から繰り返してきた体験の中での、個性や能力や資質、また、癖やパターンが刻まれているの。その魂が持つ能力によって個性を発揮したり、その魂が持つパターンや癖によってその先の体験へと進化させていくことができなかったり、という全ての体験を、物凄い量の情報を、エネルギーとして、波動・振動として、全て記憶しているの。
これからのセッションの中で、〈魂の癖、魂のパターン〉という言葉がたくさん出てくる。魂の癖やパターンとは、自分の魂を生きにくくするための重い波動、ということだと思って。

〈魂の癖、という視点が面白いな。成育歴がどうこうとかの自己憐憫《れんびん》、自責、親がどうとかの欠席裁判の世界ではないんだな！〉

そしてね。魂がなぜ、転生するか？　というと、その魂には転生する意味・理由があるからなの。その意味・理由をここでは、魂が持つテーマやミッション、という言い方をするね。
魂のカタチを１００％として。そのまま１００％のエネルギーを出しながら生きることができたら、それは全くの抑圧がない生き方、ということ。
さて、前世の魂さんは１００％のうち、自分の魂のままに生きてきたのが40％だとすると、残りの60％は前世では自らを抑圧してきたということになる。抑圧とは、ありのままの魂で生きるコトを拒んだ、例えば、出してはいけない、出すのが怖い、出さなくてもいい、……そんな感じで、自分を我慢させることを許してきた状態。それがね、魂が持つ、癖。さっき伝えた自分の魂を生きにくくするための重い波動。

この肉体に宿る魂が、自分の魂の癖やパターンといった重い波動を手放せたら、その魂の波動は軽く、高くなる。そうすると同時に、咲子さんの魂と繋がっている宇宙は、波動が上がることになる。

その癖・パターンの解除をして、波動を上げていくこと。それが、今回、咲子さんの魂が転生してきた意味であり、テーマでありミッションとなるんだよ。

なるほど。魂の癖を知ることがまずは必要なんですね。

昨今、様々なセッションがあるよね。自分らしさを知るための。その自分らしさとは、ありのままの自分、自分軸、なんて表現できるけど、みな伝えている本質は、魂のカタチのこと。私も魂のカタチをリーディングして、お伝えする。きっとどんなセッションでも、同じようなコトを言われていると思う。
でもね、なかなかみな、様々なセッションを受けて、〈自分らしさ〉を聞いて、だけど、そのまま生きることができていない。頭では分かってるけど、それを受け入れる方法が分からなくて苦しんでる。変わらない、変われない……ということにもがいている。

〈自分らしく生きる〉、〈魂のままに生きる〉ためには、〈自分の魂のままに生きる手前の、自分の魂を生きにくくさせている癖の解除が必要〉ということが何よりも大切なんだ。そしてその方法を私の1回目のセッションでは、魂のカタチをリーディングする前にしっかり伝えているの。
〈自分の魂を生きる方法〉
そのためには
〈あなたの魂の持つ癖を知って、自らその癖を解除しないと進めないんだよ〉って。

自分の魂のままに生きる方法、ってどういうことですか？

うん。魂はね、自分にとって最高最善の転生先を探し、そして見つけてやってきた。

まずは、魂が持つ癖・パターンを味わえる場所。そして自分の魂のテーマ・ミッションを最大限に学べる場所をね。宇宙から。

魂には、転生してきた時、生まれ変わった時に、人生の中で自分の魂が持つ癖を感じて、味わう、ということがプログラミングされているの。その癖を感じて味わえるように、その癖が浮上するドラマを作る。ドラマを引き寄せるのね。

そのテーマを味わうために魂は自ら、この自分の肉体を選んできたの。咲子さんの魂は、地球上の日本という場所を、この環境を、そして親を選んできた。

どんな環境でどんな境遇か？　それは自分の宿した魂のカタチが分かるように最高の抑圧を味

わわせてくれるシチュエーションを選んできたってこと。

（……。魂の癖が浮上しやすいドラマを引き寄せる……か。……）

だからそのままの状態、ありのままの状態で存在していれば、抑圧を受ける、ということが必ず起きるの。そのままでいると抑圧を受ける……それをプログラミングしてきた、と思ってくれれば分かりやすいと思う。
そして、その抑圧を全部味わうために生まれてきた。その時に感じた感情を全部味わうためにね。
自分の魂のカタチを知るために。それが何よりも手っ取り早い、魂のままに生きるための方法。
〈感情を味わう〉ってこと。

感情を味わう……。

そう。そして、それを私たちはちゃんとしてきていないの。

どういうことですか……？

私たちが魂のままに存在してた期間は、ほんと、0歳の頃くらいだけじゃないかな？

生まれたばかりの私たちは、思うがまま泣きたきゃ泣くし、怒りたきゃ怒るし、叫びたきゃ叫ぶ。おしっこもうんちもしたい時にしても怒られないし、甘えたければ駄々をこねる。お腹が空いたら泣く。本能、欲求が生きていく全ての能力の頃、そのままの状態でしかない、0歳数カ月の期間は、何をしても許してもらえて、抱きしめてもらえた。愛してもらえた。いいうんちしたね！　って。あらあら泣いてるわ、どうしたの？　って。

でも、だんだんと、本能、欲求のやりたい！　WANT！　のままに生きていく過程で、「ダメ！」って言われ始める。3歳頃にはかなり潰されるよね。で、その時に感情や思考、肉体が傷つく、拒絶される体験が始まる。同時に思うの。「ありのままの自分で存在することは、愛してもらえない、認めてもらえないことなんだ！」って。

ここからが、自分の本当の感情を抱え込んでしまう、抑圧の始まり。

そして依存しなければ生きていけない依存時期。この世界で生きていくためには一人では生きていけない正しい依存体験の時期。*一人じゃ、飯食えない、学校いけない、そんな時期だからね。だから目の前の人から愛をもらって、承認をもらって、ご飯もらって、お金をもらう……。そのために、アナタは自分軸をとっぱらって、お父さんの軸、お母さんの軸を優先にする。そうやって目の前の人から、愛される、認められる、という生き方をしてくるの。

*正しい依存体験の時期：0歳以降、基本的には義務教育期間までは、誰かに依存しなければ一人では生きていけない時期を〈正しい依存期間〉と言っている。

〈インナーチャイルド〉の波動が作り出す欲求・依存のドラマ

その正しい依存期間には、往々にして、依存する相手の期待や要求に寄り添うことで、その支配下に存在できるという交換条件が生まれる（ご飯をお金を愛をもらう、代わりに言うことを聞く、勉強をする、学校に行く……など）。

その交換条件は、自分の本当の感情の表出を我慢することで、相手を許すという状況になるので、出すことはいけない、と刷り込まれると同時に、そこで感情を抑え込む、というドラマが生まれる。

そこで生まれる感情の根っこには「このままの自分では価値がないのだ。このままの自分を、愛してるよ、すごいね、そのままでいいよ、って言ってほしい」という欲求が潜在的に生まれる。その欲求が〈インナーチャイルド〉となる。そのインナーチャイルドが自分の中に存在する限り（自分の外に出ていくまで）その欲求・感情の波動がドラマを作る。

もちろん、その欲求、感情の波動が作るのは同じキモチになれる状況を作ってくれる、支配と依存のドラマ。依存がもたらす「誰かの承認、愛、知識、豊かさをもらって不足を満たす」ドラマ。両親に始まり、自分のままではもらえなかった様々な不足を満たすという願望を叶えるために、他者に期待する、というドラマを作る。しかしそのドラマの先には恐怖、不安、恐れが生まれ、不足を埋めてもらうためには我慢して自分を抑える、という過程を踏み、最終的

ガマンガマンガマン
グイーッと
このままの自分ではだめ…でも
このままの自分を愛してるって言ってほしい!!
ガマン ガマン ガマン

には失望を感じる、という結果しかない。それは、依存を味わって、それを自分自身でうんざりして手放さないとその癖を手放せないから。

手放すためには、その本当の感情を受け止めていかないと、いつまでも、根っこの部分にインナーチャイルドが存在したままになってしまう。なので、依存する自分を嫌わずに、思うまま行動して、そしてドラマを作り、そこで生まれる感情を味わって、自分の全心身でうんざりしてください、と言っている。

依存は正しい依存期間に生まれた愛すべき尊い自分の姿。そこを愛せないと、自分を許し愛することができない、と良美は伝えている。

※「家では全くあれしろこれしろ、って言われませんでした」という場合もあるが、直接言われなくても、感覚で場を読み取り、相手の期待に応えている場合がある。もしくは、抑圧がないあまりにどこまでも突出していく、いわゆる「非行」のような場合もある。正しい依存期間とは他者の承認をもらって自分の価値を図るものだから。

（再び★Session 1へ）

……怒られない、呆れられない、愛してもらう、褒めてもらう、おこづかいをもらう、あったかいご飯を食べさせてもらう……。依存しなければご飯を食べられない、学校に行けない、当たり前の正しい依存時期には、自分が自分を愛して、認める、なんてことは難しい。

両親から、先生から、パートナーから、友人から、環境から、社会から……。自分にはこの地球で生きていく価値があるのだ、という愛や承認をもらうことで、安心していく作業に入る。いわゆる、自分軸をなくす、という作業。誰かが言った通りに、誰かのために……。自分軸を抜いて他人軸で生きていく作業をしていく。この時期の自分軸は、他者から見たら、ワガママって言われたりするの。

こうやって、ありのままの自分ではこの世に存在することができない、……という刷り込みを体験していくんだよね。〈自己価値を下げるキャンペーン〉の始まり。自己価値を下げる、とは、「自分は何かの、誰かのためにならなければ、従わなければ、生きている価値がない」ということ。

そしてそんなキャンペーンを私たちはだいたい35歳位までプログラムしてきてる。宇宙にいた時から。

35歳ぐらいまでなんですね。なんとなく分かるような……。組織にいれば自分を抑制しないとうまくやっていけないですし、学校でも社会の枠にあてはまるような人間になるように教育していきますものね。

そう。私たちは、ありのままに存在していた生まれたての頃から、どんどんと自己価値を下げ、自分軸をなくし、このままの自分では愛されない、認められない……、そうやって、自分を抑

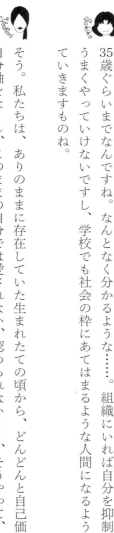

圧していくことを自分に許可し、数十年生きることができる家族を、環境を、完璧にプログラムして宇宙から来たの。

そして、その時に自分の癖を表出させてくれるんだ。抑圧されると苦しい。苦しいならばその抑圧を払いのけて、自分のままに生きればいいんだけど、感情の癖、思考の癖、肉体の癖がこの全心身を通して再現されるのね。もちろん、しっかりとその抑圧を強いるドラマの相手役もプログラムしてきているよ。大切なドラマの相手役。

そのドラマが、抑圧されても、そのままでいることを許可してしまう癖を表出させてくれる。ありのままの魂で生きることを拒む自分の癖を表出させてくれる。

それが、魂に刻まれた、癖。〈ありのままの自分で生きる〉前にクリアしなければならない大きなテーマは、〈自分の魂が抱えている癖の解除〉になる、という意味がこのこと。

子供のため、家族のため、お金のため、社会のため、一見美しいけれども誰かのために生きた時から魂は枯れていく。「いったい私何なの」「何のために仕事してるんだろ?」「なんでこんな男と一緒になっちゃったんだろ?」……とかね。これが出てくるのが35歳以降ぐらいから。

その言葉は魂の声。

〈スピはスピでもなんか今までにないスピだな、変な宗教とか道徳っぽくないな。ありがとうを数回言って感謝しなさい……、周りの人のために尽くしなさい、他人を応援しなさい、そうすれば必ず自分に返ってくる、じゃないんだな。ワクワクする、こういうの。魂が喜んでいる。

魂の声ってこのことなんだな）

私はセッションで問いかける。

「なんで、アナタはこの地球上に生まれてきたのですか？」

そしてその問いかけの答えは全部

「自分の魂を生きるため」になる。

「自らの魂を生きて、自らの波動を上げるため」……ということになるの。

全ての魂が持つ大きなテーマは、共通するのは「自分の魂を生きる」こと。

魂のままに生きるために「魂のままに存在していい」と自分が自分に許可する、ということ。

自分の人生の中で魂のままに生きてこられなかった時＝自分を抑圧した時というのはいつも、アナタには苦しみが生まれたんだよ。

社会的には成功して何億も稼いでいる社長さんでさえ「俺、何のために生きてるんだろ？」ってセッションに来て手を開く。アタシは「会社のため、社員のため、家族・愛人のため、社会のために生きてきたんでしょ？　自分を押し殺して」って伝える。

私のセッションの着地は「魂のままで生きる、自分のままに生きる」ということを自分に許すコトであって、その状態を、自己価値が高い状態、と伝えてる。

でも、生まれた環境では、「自分を我慢させて、誰かのために頑張った先に認めてもらう、愛してもらう、誰かのスピリットのために生きるということをやってしまう」ことを経験できる場所を選んだの。そして、それが「自己価値の低い」状態ね。どんなに物質的豊かさを手に入れても、自分の魂を抑圧している限り、苦しみが消えないドラマを体験するんだよ。

私、自己価値低すぎます。やっぱり周りの評価を気にするし、何をやっていてもまず周りを喜ばせなきゃ、があります。それがうまくいかないと結構落ち込んで。仕事でも、これだけもらっているのだから、ここまでやらないと意味がない、というプレッシャーを自分で自分に課してます。自己価値の高い状態って、魂のままに生きている状態なんですね。

いいんだよ、それで。そしてそれを続けて苦しくてうんざりするところから、やっと自分に言うことができるのだから。「苦しいのはイヤ！　楽になりたい！」って。

そうやって、今までのパターンをはねのけて、自らの魂を生きるステージに入るのですね。

うん。では、もう少し、魂を生きることについて話をするね。ここからは、分かりやすいように、魂の存在を光のようなものだとイメージしながら聞いてみてね。

その魂が、〈なんかそんな気がする〉とか、〈ここの気はとても気持ちがいい〉とか、〈この雰囲気なんとなくイヤ〉などといった〝気〟という部分をキャッチするのね。

インスピレーション、直感、ひらめき、気づき、シンクロニティなど、それらはみんな、説明ができないこと、目に見えないモノ、言葉では表せない〝感覚〟。それをここでは〝高い波動〟といった言い方をするけど、その部分を受け取っているのが魂だと思って。

宇宙からやってきた魂は〝波動の高い〟存在だから、同じ高い波動・振動を持つモノと共鳴するの。いわゆる引き寄せの法則。

（……、引き寄せの法則。あんまり好きじゃないんだよな……。でも、自己価値低いということは、へんな波動同士引き寄せ合っているということ？）

肉体というカタチあるものは、触れられた、ぶつかった、なんていう、しっかりとした重い振動・波動で、起きる現象を認識できる物質的存在。

ここでは、物質的存在が感じる波動・振動を〝波動が重い〟って表現する。

それから、0歳の時には何もなかった不安や悲しみ、恐怖、怒り、恨み、執着などの感情も、年々募って抱え込んだままの重くて、低い波動。自己不信、自信のなさなどの思考に対する信頼のなさも重くて低い波動、ってここでは表現する。その感情や思考の波動・エネルギーは、この肉体を通して教えてくれるモノだよ。ドキドキ・ザワザワ・ボヤっとする・落ち込む……など。重い波動、低い波動は肉体も重くなるでしょ。

それに対して、魂が受け取るのは、肉体でキャッチできない、認識できないほどの高い波動・振動、宇宙からのエネルギー、通信なんだ。

重い波動は低い波動、軽い波動は高い波動なんですね、面白い！

宇宙から降り注ぐシンクロやメッセージなどは〝高い波動〟。また、肉体に宿した、魂同士が、説明もつかないけれど引き寄せ合う、反発し合う、それも、魂同士の波動・振動の会話なの。肉体が認識できないままこの身体をスッと通り過ぎて、宿した魂が交受信するのね。肉体を通して高い波動を体感する時には、ワクワクする、とか期待する、とか身体も軽くなるでしょ。

なんとなくその感じ分かりますね。あっ、この流れいいな、とかこれはあまり心地よくないな、とか結構はっきり分かりますものね。

自分の魂を生きるとは、この肉体を、高い波動の魂さんの行きたいままに、感じるままに、動かして運んであげて、体験して、エネルギーを循環させることなの。それでも、肉体に思考に感情に、人間として誕生してから何十年も、重い低い波動を循環できずに、外に流すことなく抱え続けてきたわけだ。

魂のカタチを聞いて、そのように生きる！　と、頭で思っても、その瞬間、抱えたままの重い波動が出てくる感覚、分かるでしょ？「来年も元気か分からない」と肉体が緊張し、「また嫌われるかも」と感情が不安を漏らし、「どうせ失敗する」って思考がストップをかけてくる。なぜなら、その重い波動が全部この肉体の中に、記憶に、意識に残っているからなの。だから、魂のカタチをリーディングして伝えても、それを知りつつ、自分で止めてしまう。そしてその感情を抱え込み続ける。それが〈魂の癖〉ね。そこで、私は、まず、魂のカタチを伝える前に、魂の癖を解除する方法をしっかり伝えているんだ。

そうですね。そこを解除しないと、自分の魂のままに生きていい、って思えないですもんね。止めるモノが多すぎる。

説明したように、魂とはエネルギー・波動。そして、魂はそのカタチを体現するために、この肉体・感情・思考を持ったのね。人間として。

肉体のエネルギーを維持し循環するために、私たちは食事からエネルギーを摂取し、排泄するよね。感情は感じる、思考は考える、ということでエネルギーを生み、伝えることで循環させる。全てがエネルギー・波動。

肉体は見えるカタチでエネルギーの循環を確認できるんだけど、思考・感情は非物質の波動なので、言葉や絵や音などでその波動を循環させられるよね。

もしもご飯を食べてうんちが出なければ便秘になる。お水を飲んでおしっこが出なかったら膀《ぼう》胱炎《こうえん》になる。肉体は目に見える物質だから、物質として目に見える循環が起きるよね。その循環が乱れたら病気で教えてくれる。

思考や感情のエネルギー・波動は目に見えないから気づきにくい。でも感じた思いを循環させずに抱えたら、うつになるかもしれない。いつもため息をつくかもしれない。ひらめき・アイデア・知識などの思考もエネルギー・波動だけど、それを言えずに抱え込んだら同じように頭が目が肩が重くなり、やがて学ぶことにも自信を失うようになっていく感覚って分かるでしょ。エネルギーを循環させずに抱え込んでいる状態。それをここでは、抑圧って表現してるのだけど。

波動が重い＝抑圧が強い（抱えている、循環させていない）。

波動が高い＝抑圧をしない（抱えていない、循環させている）。

そのように理解してもらえると、これからの毎日でたくさんの自分が抱えている、出していない感情に、考えに気づくと思う。そして、それを出してはいけない、って抑えるのが、魂の癖なんだ、って自分を理解してあげて。

ここまで、魂について、そしてその魂のままに生きることをやめてしまう癖、については理解できたかな？

はい。いかに循環させずに、抑圧したまま来てしまったことか！　愛されたい、認められたいが故に他人や社会のために頑張る、一生懸命勉強して、資格をとって社会的にどれだけちゃんとしているかを意識する。でもどんなに頑張っても、波動が上がらないということにようやく

気がつけるのが35歳ぐらいから、すごく当てはまります！

でしょ。宇宙のプログラムは完璧なんだ。ついでに言うと、観念してありのままで生きる！となるのが、だいたい45歳ぐらいから、って伝えてる。個人差はあるけど。

そんなに先なんですか？

そのくらい、癖を手放すには時間がかかる、と思ってくれたらいいよ。これからの子供たちはもっと早いかもしれないけどね。地球の波動も上がってきてるから。みな、自分に正直に魂のままに生きる子たちがどんどん生まれてる。発達障害や知的障害の子たちはその思考のブロックが少ないから、本当に自分に正直。この地球上に生まれた天使だよ。

「そのまま」なのが波動の高さなのですね。

まとめるとね、魂のままに生きる、とは、自己価値の高い生き方、ということ。自己価値が高い、とは、「自分は何かの、誰かのためではなく、自分のために生きていい」ということ。自分の魂を生きる……ということが全ての魂にとってのテーマ。

それがテーマだからこそ、見事なほどに全ての人の苦しみは、自分を抑圧した時に起きる、という意味が分かると思う。

では、どうやってその癖を解除するか？　について、その方法をお話しするね。

はい！

魂の癖はこうして解除する！「宇宙箱のワーク」を実践しよう

とにかく私たちは社会から親から学校から環境からテレビから、人のために、何かのために、みなを気づかって、迷惑をかけない、わがままを言わない……って教わってきた。頑張って我慢して、グズグズ言わずに、涙を飲みこんできては、褒められてきたものね。結果的に、自分を我慢させて周りを許してきた。
でも、その時に実際は感情が生まれてるんだよね。だけど、その感情を見てしまうと、その場所にいられなくなってしまう。存在しにくい。そのために、その感情を無視して、いつしか気づかないふりをして大人になってきてしまった。
セッションに来るきっかけとして一番多いのは「自分は何のために生まれてきたの？」で、次に多いのは「自分は何がしたいか分からない」なんだ。
当たり前だよね。〈WANT！〉を徹底的に潰されて我慢してくるプログラムを組んできてしまったのだから。
その自分の感情である〈WANT!〉「〜したい!」の声を聞くためには、今まで抑えて抱えてきた自分の重くて低い全感情を許すことをしないと、その魂の高い波動の〈WANT!〉は、自分の場所まで上がってきてくれないの。そして魂のカタチを生きる、とは、その〈WANT!〉の声のままに生きるっていうことね。
だから、何よりもまず、癖の解除の方法としてお伝えしているのは、自分の全感情を許す、という、今までできなかった、やってはいけないと思っていた、感じたらダメだと思っていた、実際に自分の中にアル感情を許す、ということなの。

自分を許す方法……。

そう。自分の感情の中にある、ドロ臭くて下品で、最低で、うんこみたいな感情。それを全部許すの。

全部を許す……。

それは潜在意識の中に全部しまいこまれてる。全く忘れることなく。だけど私たちは、依存しなければ生きてこられない期間、それを感じたら、言ったら、もっと嫌われる、ご飯食べさせてもらえない、おこづかいをもらえない、漫画も読めない、テレビも観れない、もっと無視される、この人に愛想をつかされる……そういった様々な恐怖や不安を感じて、その場所に存在するただ一つの方法、我慢する、という感情の抱え込みをすることで、その場所に生きていていい、存在していい、と思い込んできた。

そして、その感情が浮上してくると苦しいので、一生懸命なかったことにして、いつしか自分に嘘をついてくるようにもなってる。

自分に嘘をつく……。

このセッションでは、その潜在意識にアクセスするので、その気づかなかった感情がこれからとても出やすくなると思う。そして、順番としては、「気づく・向き合う・味わう・うんざりする・手放す」この過程を通過しないと、魂にこびりついた癖は解除できない。これは、私の実体験なんだけどね。

うんざりして、手放す、ですか？

そう。きっと、みな、頭では理解してることがいっぱいアルと思う。自己啓発のセミナーや、本、精神世界のブログ、占いやセッションで、きっと、同じことを言われて、分かって、理解

してる。でも、それは、頭でだけなんだよね。

そして、問いかけてほしい。「自分、変わった？　変われた？」ってコト。「苦しみがなくなった？」ってコト。

魂がなんで人間に転生してきたか？　それは、この肉体を感情を思考を、全部を通してその体験を、生まれた感情を味わう、ってこと。自分を全部生きるってこと。自分を生きて、そして全身全霊で要らないモノにうんざりしないと、癖は手放せないってこと。

そして、宇宙はそこを見てる。魂の癖がほんとに解除されたか。

分かりやすく言うと、他者の言葉に、周りの状況に、ブレることなく立っていられるか？　ってこと。

周りから入ってきた波動に、共鳴しているときは、まだ、その波動が自分の中にアル、ってこと。

〈手放し〉とは、もうない、って状態。そしたら、どんな状況でも、自分は自分のまま立っていられる。

自分のまま立つ。

うん。それを自立、って言ってる。私は。その真逆が、依存。

依存の波動は重い。なぜなら自分以外の他者に、環境に、状況に期待するドラマだから。自分では自分を許せない、認められない、愛せない、稼げない、生きていけない……という波動。

自立は真逆。自分は自分を許す、認める、愛する、稼げる、生きていける……という波動。

魂のカタチを知る。同時に癖の解除なんですね。「魂のカタチ」を生きていくのが生きる目的、それが自立で、自分以外のモノに期待して相手が変わってくれることに期待する、そして勝手に失望する、……これが依存なんですね。

0歳の時はなかった感情なんだよ。でも、徐々に募っていく感情。
「このままの自分では愛してくれないんだ」「このままの自分では認めてくれないんだ」っていう期待外れの失望感情。インナーチャイルドね。依存期間に埋められなかった不足感。そして、それを抱えたまま、出さずに大人になる。
その感情は、出さない限り、ずっと自分の中にある。そして潜在意識の中に存在し続けて、波動が引き寄せ合って同じドラマを作り続ける。両親に埋めてもらえなかった絶対的な安心・安定感。その不足感は、誰かに、何かに期待して埋めてもらおうとするドラマを生み出す。もちろん結果は失望しかない。同じドラマを作ってくれる波動同士の引き寄せだからね。

なるほど……。なんか恐ろしいですね、だからパターンとして繰り返される！

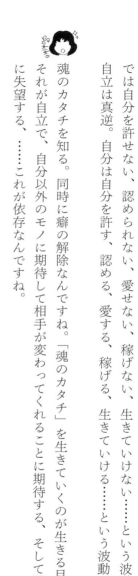

苦しみや悲しみ、怒りなどは、そのインナーチャイルドが作ってきたドラマ。だから、いよいよ本当の感情に気づいたら、目をそらさずに、向き合って、全身で味わって、そしてうんざりしてもらう。そして聞いてあげるの。その声を、叫びを。抱えたまま、出せていない感情があれば、それを思い出した時に、その感情の波動は肉体に痛みや苦しみとして、すぐに蘇らせてくるよ。喉のしまる感じとか、胸がギュッと締め付けられる痛みとか。それはかなり痛い。それを感じてあげる。今度こそ。それが、肉体で感情を味わっている状態にもなる。

閉じ込めている、抑えている感情の波動が肉体を通して語りかけてくれるのですね。私は痛みに関してはある意味、エキスパートで自分自身相当苦しんできました。

うんうん。それぞれ。それがまだ咲子さんの中にあるいつかの抱えたままの感情。この肉体があるから、その波動を感じられるって、そういうこと。そして無視してきちゃったんだよね。だから、よく抱えてきたねー、こんなに痛いのに、ってねぎらってあげないと。

あー。私、全くねぎらってきてませんでした……。

みんなそうだよ。自分に意識向けずに外に外に意識を向けて生きてきたのだもの。

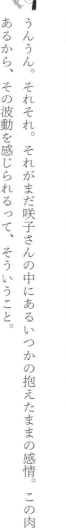

ちなみにそのまま無視し続けて、その重い波動を抱え続けたのが病気。

循環させず抑えてきた波動、その波動の異常を無視した結果、いよいよ肉体にあらわれるのですね。

うん。でね、聞いてあげるの。「まだこのドラマの中に居続けたい？　この痛み持ち続けたい？」って。そしたら、「もうイヤだ！」って言ってくると思う。その時に手放すことが始まる。自分の魂の持つ癖を。

私も、もうイヤだ！　と思ってきたんですね。

そう。だから、その準備ができた人にしか会えないんだ、私の場合。なぜなら、私は、その依存を抜くお話をするから。そして、その依存を抜くこととは、今までの刷り込みや固定観念を壊すことだから。いけないと、出しちゃいけない、と思って抱えてきた自分の全感情を許すコトになるから。

固定観念を壊す……、ですね。

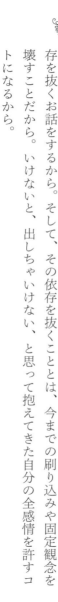

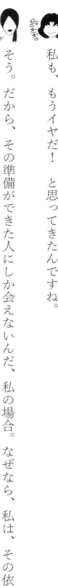

この作業がなかなかしんどいのだけどね。長い期間、良かれと思ってきたこと、頑張ってきたことに対する執着もアルから、それを手放していいのか戸惑いでもあらわれる。でも、出てきた感情を全部許していく作業をする。その許す作業もこれまたしんどい。でもね、これが最も手っ取り早い自分を愛する作業なんだ。自分を許すとは、自分を愛することと同じ。そして依存を抜いて自立していく始まり。
「私が私を許す、愛する、認める、信じる」それができたら、もう、誰かに承認を、愛を、期待しなくても、その不足を埋めることができるのだから。究極、「あんたが何と言おうと自分が自分を守るんだ！」ってなる。どうでもよくなる。

…………。

魂は全部分かってるの。この話をされるだろうということも分かって、ココに連れてくるの。説明がつかないけど、魂がココに来る。そして、その時点で、自分の全てを許すことができる自分になってるってことなんだ。

なるほど。なんとなく……とは、魂の感覚なんですね。

そう。では、今度は出てきた感情をどうやって手放すか？　についての説明をするね。

（早く聞きたい！　このライブ感、なんだろう。ぐんぐん引き込まれる。魂のカタチも早く知りたい！）

……このワクワクこそが波動が上がっている証拠だということが分かったのはだいぶ後になる。良美先生は感情の手放しについて意識の層の説明とともにしてくれた。それは、民族が伝統を口承していくようなそんな雰囲気があった。上から目線でも何でもない、治療者と患者でもない、権威のかけらもない、語られる内容がただ貴重で面白かった。

手放しのワーク（宇宙箱のワーク）

〜顕在意識ってなーに？

母親の子宮から産道を通り、今、ココに存在している現在まで。それが今の自分を作る純度100％の自分歴史。私たちはその全ての自分歴史を、肉体に、心に、思考に記憶している。その100％のうち、今、目の前に広がっている現実、五感を通して今認識できる、意識できる、いわゆる、今、気づいていること、知っていること。それから、ちょっと前の過去。例えば今朝の朝ごはん。あ、昨日の夕飯も答えられるかな？自分歴史100％の中で、すぐに言えること、気づいていることは5％くらい。それを、顕在意識っていう。

〜潜在意識ってなーに？

3日前の夕飯は？　1週間前の今日、誰といた？それはすぐに答えられないよね。それはもう潜在意識の

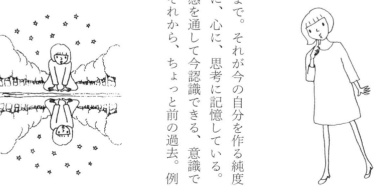

中に潜ってしまっている記憶、意識。100％の意識のうち、95％は潜在意識に入ってしまってるの。いわゆる潜在意識とは、今、気づいていない意識。でも、全部知ってる。だから、想念というエネルギーを、言葉というエネルギーを潜在意識に落とすでしょ。

「うーん……えっと……3日前は……夜は……何を食べてたっけなー……」って。

すると、潜在意識はその想念を、言葉を聞いて、3日前の情報を集め始める。記憶のピースを集めて、そして、「ハッ！」と思い出す。集めた情報は、顕在意識に伝達されて「3日前は、友人に会って、パスタを食べていました!!」こうやって、言葉として現実化する。

潜在意識が現実を作る、というのはそういう意味。

潜在意識には全部アルから、1週間前の出来事も10年前の出来事も、時間かけてうーんって、想念という信号を送れば、絶対に思い出す。また、頭では気づかなくても、筋肉や皮膚で覚えていたりね。筋反射で教えてくれたりね。

日常的には、ぼーっとして理性、思考の蓋が緩んだ時、外れた時、寝入りや寝起きとかね。ふとした瞬間などに、潜在意識の記憶が顕在意識に上がってくる。急に過去を思い出したり、まだ来ない未来を不安に思ったり、そんな体験アルと思うけど、それは潜在意識の中にその波動がアルということね。

顕在意識
潜在意識
集合無意識

〜セッションで潜在意識にアクセスするってどういうこと？

その潜在意識の中には、誕生してから、様々な相手ありきのドラマをくぐりぬけるなかで、相手に伝えないで抱え込んできた感情も物凄く入っているの。インナーチャイルドが抱えた波動。出してはいけない、捨てなければいけない、と思ってきた、怒りも恨みも嫉妬も執着も。

全ては相手ありきで自分の中に生まれた感情・思考・肉体からのエネルギーなのに、それを相手に伝達して、生まれたエネルギーを手放す、という過程を踏まないから、自分の全心身にエネルギー＝波動が残ったままになっている。

セッションでは、その潜在意識の中に抱えたままの、相手ありきで生まれた波動に気づき、お掃除するの。お掃除とは、潜在意識に抱えた感情が顕在意識に上がってきた時に、〈気づき、向き合い、味わい、うんざりして、手放す〉まで。それを阻止するのは、顕在意識と潜在意識の境目となる思考。〈自己否定・自己嫌悪・罪悪感・反省・後悔〉といった、重たい感情を抱えることを良しとする思考パターン。それを捨てて、感情をどっぷり味わう。全心身で。

よく、「あの頃の記憶全くない」と言う方は多いけど、実際は何一つなくしていない。ただ忘れているだけ。気づいてないだけ。その潜在意識の中で眠っていた記憶・意識は、受け取る準備ができた時に、どんどん顕在意識に伝えてくる。セッションの後は、その準備ができてくるので、忘れていた記憶がどんどん出てくる。これが潜在意識にアクセスする、ということ。

そして、0歳の時にはなかったけど、相手が環境が状況があったからこそ生まれた感情、純度100％の本物の自分の感情を、どうやってその相手に返すか、をしっかりと伝えるからね。（次ページの「～出てきた感情を手放す方法って?」を参照）

その感情を相手に伝える時にも、癖・パターンが出るから、その癖を知り、壊してもらう。例えば、自分が悪かったから、とか、こんな言葉使っちゃいけない、とか、ここまでしてもらったのだから、感謝しなきゃ、とかね。アタシはこれを表面的な反省や感謝や尊敬、って言ってる。

癖やパターンとは、純度100％の自分の感情を否定するし、自分が持っている感情を許さない。それは、自分を否定して自分を許さないのと同じこと。その状態では、100％の自分のありのままを愛すことができないので、ありのままで存在することに自信を持てない。どうするかっていうと、そんな自分を誰かに認めて愛して許してもらうことで存在する。いわゆる依存ね。

大切なのは、感じたら相手に伝えることを自分に許すコト。誰が何と言おうとこれが本音だ、と、自分が自分を許す。これは自立。

感じたけど、相手に伝えないと、また、自分の中に戻しちゃう。感情解放はみなできても、それを手放すことができていない。結局その波動を抱えたまま存在しているので、同じドラマを作り続ける。（※150ページの「のび太とジャイアンのドラマより」で詳しく言及）

～出てきた感情を手放す方法って？

5％の顕在意識と95％の潜在意識が自分を作る全ての意識。自分主成分。その下にはね、集合無意識という意識層がある。集合無意識とは、全ての人の意識を共有する場所。全てのモノが人が繋がっている場所。亡くなった人も前世も繋がっている。ワンネス。全ては宇宙と繋がっている。いわゆる宇宙。

アタシが提唱しているワークは、ドラマの相手役がいたからこそ感じた本当の気持ちを、その全てが繋がっている、集合無意識を通して、相手にしっかりと伝える、という方法。

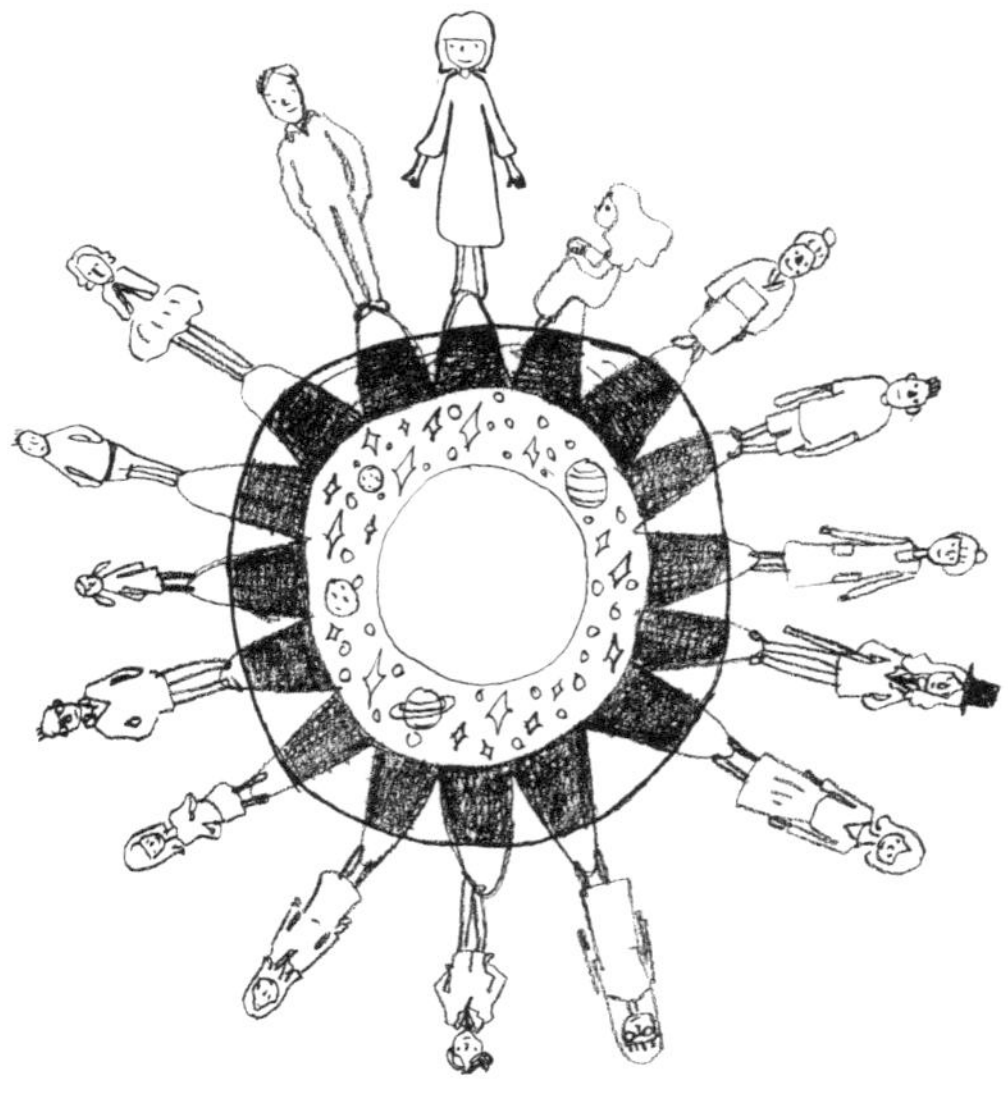

イメージでね。全てはイメージ。

その方法を伝えるね。まずは、**イメージで箱を作る。**透明な箱、光の箱、木の箱、なんでも好きなイメージでいい。そしてその箱に**しっかりと相手の名前や顔などを貼りつける。**

これからの日々で、目の前の現実でも、過去のことを思い出した瞬間でも、自分の中から湧き上がってきた、相手への感情が湧きやすくなる。そしたら、**その感情を、一切思考で止めずに全心身で感じる。どんな感情でもそれをしっかり許してね。**

この肉体でしっかりとその波動を感じてあげる。怒りも哀しみも恨みも執着も嫉妬も我慢したぶんだけ、好きだったぶんだけ、頑張ったぶんだけ、深い。それが自分の感情の深さ。感じて根っこの部分まで感じてあげて、自分の本当の感情を知る。様々な罵声《ばせい》も口汚い罵《ののし》りも、自分に許していい。それは、それだけ感情が深かった、ということ。決して相手を呪っているわけじゃない。感情

をコトバに置き換えたら、それだけ深いというだけ。罪悪感も自己否定、自己嫌悪も手放して、その感情を、自分の中のモノを認めてあげる。

それができたら、**イメージした相手の箱に「これが私の本当の気持ちです。これを〇〇さんの集合無意識に返します」**と、しっかり伝える。**相手の集合無意識に返します、とイメージでしっかりと手放す。**この、集合無意識に返す、というところまでしっかりやってね。

相手に伝える、という時にまた様々な思考の癖が出るけれども、**相手に伝えることを、相手に戻すコトをちゃんと自分に許す。〈宇宙箱のワーク〉**って私は呼んでいるんだけど。**全てはイメージ。**

集合無意識に後はその感情を処理してもらう。

これは**自分の感情を自分でお掃除したら、後は、宇宙に委ねてお任せする作業。**自分でなんとか

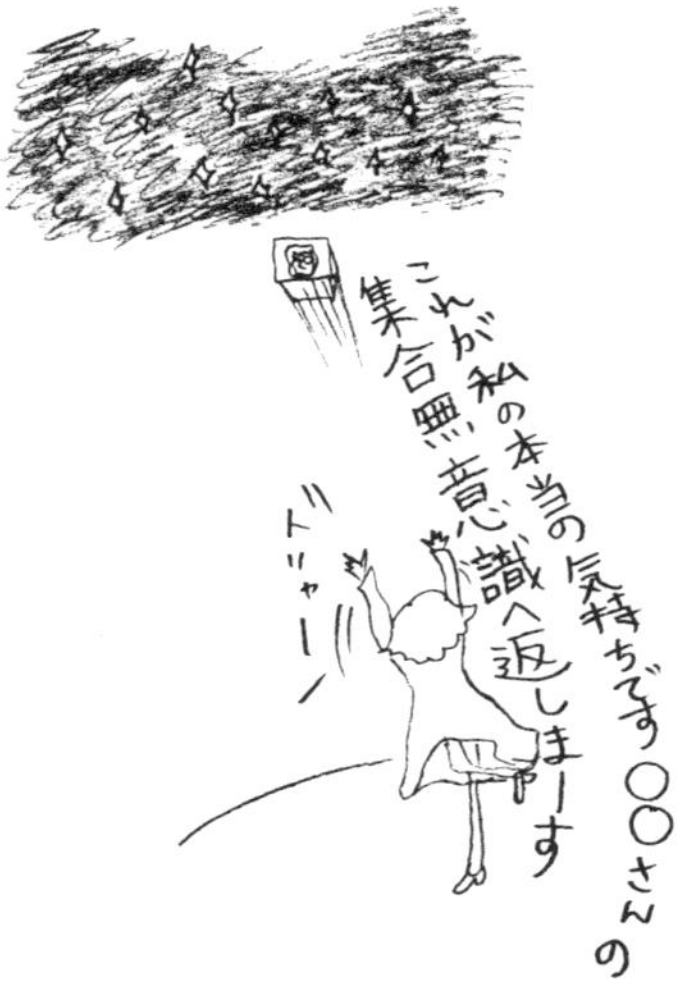

するのは自分のコトだけ。後は宇宙が愛をもって、全体が良くなる方向に作用してくれる。

その感情が相手に気づきとなって伝わる場合もあるし、最善なカタチで物事が流れるように現実にドラマを起こしてくれる。どんなカタチで自分のエネルギーが作用するのか、それも**全て宇宙に委ねる。宇宙は完璧だから**。

自分の中の重くて苦しい波動をしっかり感じることが自分を生きること。それができたら、その波動に全身でうんざりできるし、波動の重さを体感して、同じドラマになりそうだということも、事前に身体が教えてくれるようにもなる。

全身でその波動を感じ、その波動を自分で手放していく。それができたら、自分自身の波動はどんどん上がっていく。その後も、重い波動が湧き上がってきたら何度だって宇宙に返す。根っこまで感じて手放せたら、もう自分はその波動を持っていないので、同じドラマを引き寄せることはなくなってることに気づく。周りの状況に言葉に、反応してブレる自分自身がいなくなる。

Sakiko

そうやって全感情を許して自立を獲得していくのですね。集合無意識に投げるって、宇宙のことなんですね。

Yoshimi

うん。全てはイメージ。今まで、ずっと嘘をついて生きてきたんだから、私たち。哀しいのに、平気ですって言って。好きでもないのに、一緒に笑って。美味しくないのに、わぁ美味しいって言って。綺麗とも思ってないのに、褒めて。だからそのまま、周りには笑ってればいい。でも、自分の中にだけは嘘をつかない。湧いてきた感情は、全て、相手の宇宙箱に返す。それならできるでしょ。

Sakiko

はい、やってみたいです！

依存から自立へ！　誰かのためでなく自分のために生きるのが魂の喜び

Yoshimi

では、いよいよリーディングに入るね。

自分の魂を生きるために、まずは、自分の魂のカタチを知ることが重要。その魂のカタチを私は手の甲から読むのね。手の平と甲は陰陽で、手の甲の方は自分の魂のカタチ。いわゆる、今世で自分がたどり着きたいゴール。そして手の平は自分を生きるための指針があらわされた自分地図。心、思考、肉体の取扱説明書が描かれてるの。

初めてセッションの説明を読んだ時に、手の甲を読むということに魅《ひ》かれました！

手とは、本当の自分自身を読み解く鏡。手相と聞くと、手の平の中の線を読む、というイメージを抱く方も多いんだけど、手の甲からは、その方本来の魂のカタチを。そして開いた手の平からは、その魂を生きるための人生の羅針盤となる潜在意識からのメッセージを読み解くの。そのメッセージとは、顕在意識では気づいていない、過去から現在までの自分のありのままの姿。傷もほくろも全部サイン。爪もささくれも指の曲がりやひねりも全部読み解く。おばあちゃんになっても赤ちゃんのクリスタルみたいな手の甲の人もいれば、中学生なのに老人の樹木のような手の甲の人もいる。誰一人同じカタチはない。この世界で、たった一つしかない自分の魂のカタチを知り、本来の姿に気づく。そうすることで、自ら望む未来を切り開き創造することができるようになるんだよ。そして、それを魂はずっと待っている。

自分の本来性に気づく手っ取り早い方法ですね。結構逆を一生懸命やってる気がします。それに限界が来た時にこういうメッセージが入ってくるって、やっぱり面白いです。

知らなかった自分に気づいた瞬間、手相はどんどん変化・進化していくの。目の前のこのセッション中にも変わるよ。

そうなんですか？

うん。潜在意識がどんどん、皺《しわ》を見せたり消したりして教えてくれる。アトピーだって、シミだって、どんどん消えていくのをたくさん見てきた。

すごいですね!!

すごいのだよ。手は。

社会から刷り込まれた幸せではなく、自分本来の魂のカタチで生きることは自分を信頼し、自己価値を上げること。ワクワクの人生を進むこと。それをせずに我慢して抑圧を抱えている場合はとたんに手がカサカサになって皺っぽくなる。硬くなる。

エネルギーを流し、エネルギーを受け取り、自らを表現し、クリエイトする「手」を意識することは自分を見つめること。世界でたった一つの自分の魂を許して認めていくだけで、魂のカタチであるこの手はどんどん美しく、のびやかに、キラキラしていくんだよ。

手って本当にエネルギーの出し入れ、してますものね。見ているとなんか形も独特で愛しくなってきますね。語っているというのも妙に納得です。

うん。この手から自分の心や思考や肉体、そして魂が感じることを全てカタチにするため、エネルギーを流すのだからね。この手を通して、料理をして、絵を描いて、文章を作り、人に触れる。流しているのは、自分自身のエネルギー。だから自分の本質も、実際の状況も、抑圧のパターンも癖も、全部刻まれてるの。誰かのために生まれてきたわけではないのに、誰かのために自分のエネルギーを使うのならば、とたんに魂は疲れて枯れちゃうの。

なんだか、手が潤ってきました。

でしょ。それでは、咲子さんの魂のカタチを読みながら進めていくね。

（咲子の手の甲を見ながら）何が自分にとって心地いいのかをこの正直で素直な身体は、全部、知っている。とても五感の感覚に優れている。だから、喜ぶこと楽しむことがなんて豊かな生き方なんだ、ということを見せていけばいい。その状態が最も魂の波動が高いから、存在してるだけで価値がある自分になれる。それから、感受性・直感が強い。だから答えは自分の中にある。でも、感じたままを信じて生きていいと自分に許可できない真逆を生きるように設定してきた。自分の感覚を抑えて自己価値を下げる。何かのために生きるのが得意なので、今世は、前世の体験を繰り返さずに自分のために生きるように、自分以外のために生きると、100%報われなくなるプログラムをしてきている。今世は他人のために自分の時間とエネルギーを使わない。自分に正直に生きる。それがこの魂さんのテーマね。

私はセラピストという職業やこの業界を好きで選んできたつもりでいました。人の役に立って、思いやり深くいよう、みたいな。誰かの役に立つことを一生懸命伝えていこう、一人でも助かる人がいれば、みたいな。

たくさんエネルギーを他人に使ってきたし。報われなさもそこにはいつもありました。ボランティア同然で関わっていた仕事でも茶番が繰り広げられ、繰り返されるなかで、失望をしながらも、それでも排除されることを恐れて抑圧を良しとしていました。

うんうん。誰かのために頑張る。そして報われない。ばっちりなプログラム通りに進んでるでしょ? 大正解な生き方歩んでる。褒めてあげないと。

本当ですね。

〈誰か〉みたいに人を勇気づけて、優しい人になろうと頑張っている状態は、本物の自分を生きてる人からは、単なる見せかけであることが見抜かれる。なぜならこのままの自分ではダメだ！　って思ってるわけだからね。本物の自分を生きてる代表例は、正直な子供とか、ね。

そうですね。自分のままを見せてはいないのですもんね。

そしてプログラム通り、報われなさをしっかりと感じられた。よかったね。そしたらいよいようんざりできる。

はい。正直もう、うんざりなんです。

報われなさの奥には、しっかりと自分の感情がある。感情を我慢して抱えていると、その重い波動が、そこを避けようが逃げようが、同じ周波数の引き寄せでもって、何度でも同じドラマを引き寄せて再現する。どんなに頑張って誰かになりすましても自分の中の魂のカタチは変わらないからね。
その重い波動、受けた感情をちゃんと感じて、うんざりして自分の中から外に出さないと。そしたらどんどん自分の波動が上がっていくよ。

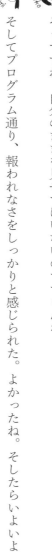

誰かのためにエネルギーを使わないで、自分に注ぐということになっていくんですね。なんか、ワクワクします。もう我慢したくないです。

うん。最高の抑圧を味わう環境を選んでくるからね、皆さん。咲子さんもかつては、そのままの状態で認めてもらって愛してもらいたかったけど、それが叶わない、という失望の感情を抱えてきただけ。労《ねぎら》わないと。誰かのために頑張って、認めてもらう、愛してもらう、そういう生き方しか分からなかったけど、これがさっき言ったインナーチャイルドが作ったドラマ。これからは、誰かのために生きる生き方から、誰かのために生きない生き方へシフトしていくだけだよ。

究極のところ魂のままに生きるって、自立。あるがまま、ないがままか。これしかないしこれなんです！　って、言えている状態ですね。自分に注いで、そして、満たす、それだけなんですね。（思わずタメ語で）楽じゃん！

依存していたものからの自立ということだね。湧き上がった感情を全てよしとして、無視してきた感情に気づく、そして向き合って、味わって、うんざりして、手放す！
これをやっていくと、無視した奥にある「本当はどうしたいか？」が見えてくるの。怒り、恨み、執着を集合無意識、宇宙に返すと、「このままでいい」「何にも頼って生きていない、魂に

のみ立って生きる」という自己価値が高い状態になる。

その後も、自分が何歳で抑圧をどのように受けて、そのままの感情を抱えてきたか？ などを、手を通して興味深く聞いていく。いかに自分の抑圧してきた部分が、同じドラマを繰り返していたかに気づいた。その時に抱えた感情は、かなり悪態をつく、大人の女性が言ってはいけないと思い込んできた言葉として自分の中に浮かび上がってきた。でも、そこを全て許していいのだ。その生の感情と向き合って、ほんとの気持ちを許し、教わった宇宙にその感情を返すことを確認した。

あっという間に75分のセッションが終わった。

（**こんなセッション受けたことない！** 数々のいろんなセッションを受けてきた。その時は感動したり、涙してすっきりしたのかもしれない。でも**このパワフルな感じはなんだろう。今回は全然違う！ 魂のカタチに出会ったのだ**）
すぐに2回目を予約する。迷いが入る隙もない。もっともっと真実を知りたい！
（……後にこれが「覚醒」ということだと分かった）

Sakiko

生理機能が抑圧をやめると自己価値の高い生き方になる⁉

２０１６年が明けて、１月。長年アメリカで続けている神経系と愛着の関連がテーマの研修に出かけた。ハンズオン〈触れる〉ということを自律神経系や脳の発達と愛着の関連で説明してくれる講座はこれしかない。それと同時に海外に出るのがのびのびできて一番楽なのだ。自分でいられる時間。かといって長く暮らしたいとは思わないが、快適だ。日本は便利で安全で物価が安くて住みやすい。食べ物もとても繊細だと思う。人は器用だし、能力も平均的に高い。だけど適当な私は結構頑張らないといけない。「期待にどれくらい応えられるかな、体どのくらいもつかな」日常頑張り水準をマックスにして、やっと認めてもらえる。楽しんでいない。

到着した夜、早速、カリフォルニア州にある邦人教会へと向かった。教会が招聘《しょうへい》してくれた、在外生活を送る日本人の方々に向けての講演会を行うためだ。タイトルは「リサイクルの日を利用してありのままの自分を手に入れよう」。

資源ごみを出すときに折ったり、潰したり、破ったりする、いわゆるリサイクル動作や作業が興奮した神経を脱活性化し、穏やかにできるということからこのタイトルに決めた。

講演会では、ストレスケアの話を神経科学の切り口で話した。お集まりいただいたのは、教会の信徒さんもいれば、近所の大学の留学生、国際結婚でカリフォルニアに暮らす方々、駐在員の方々など。その方たちに向けて、異文化に馴染むためにお互いにサポートし合って心身の健康に努めるコミュニティ作りを理論的に紹介する。

アメリカに行くといつも実感するのだが、昨今の心理学の潮流はだんだん神経科学へと移り変わってきている。この講演会では、ストレスに対処してきた神経系のパターンの改善を分かりやすくお話しした。集団で神経系の柔軟さを効率よく増してストレスをうまく乗り越えていくコツをリサイクルの作業に照らし合わせながら紹介した。

途中まで頑張ってしゃべっていたが、いまいち盛り上がらないので、急遽《きゅうきょ》みんなでZumba（ラテンのエアロビクス）を踊ってみたい！　と思いつき、1曲だけ踊る。セラピストとともにZumbaのインストラクターの資格を取得しており、自分の気分転換用にいつもお気に入りの曲を持ち歩いている。みんなでサンバのナンバーを踊ると、お客さんの顔がありえないほど活き活きしだした。みんな素敵だ！　流れが変わった。普段は、お客さんの知識欲を満たすことを必死にやってきたが、こんなに簡単に流れを変えられるんだ、と自分でもびっくりした。楽しみの波動。私今まで何を無理してきたんだろう。自分が楽しくやる、そこに集中した時に見せつけられた現実は、人の生命のエネルギーという熱気そのものだった。その興奮が場を包み込み、講演会は大盛況。なんということだろう！　解放された姿を見せるとはこういうことなんだ。

翌日はオフ。ショッピングを満喫する。お金を使うことは単純に楽しい。豊かな時代に生まれて、誰のためにも生きなくてよい。妻でもなく、母でもなくていい。そういう人生を選べる自由があるっていいな、とつくづく思う。アメリカ滞在中の私は、今という瞬間を本当に謳歌している。ある程度豊かで、移動の自由もあって、時間にも余裕がある。自分を満たしながら、一日がすっごいスピードで過ぎた。時差があるぶん、煩《わずら》わしいメール、SNSも受けなくてよい。魂で立つってこういうことなんだ、と少し分かった。自分主導。

私が9年間師事している先生の4日間の研修を受ける。この先生はオリジナルで神経系を安定させ、柔軟にする方法を生み出し教えてきた。もともとはボディワーカーとして実践を重ね、〈ハンズオン〉触れることによって心身のパターンを変える技を医療、心理、福祉様々な専門家に伝授している。

〈ハンズオン〉に傾倒したのはこの人がいたからだ。またメソッドに名前を付けないのは、受講生が自分のカタチで教えていって広めてほしいからだと言っていた。いつもこのオリジナル研修に行くとどこにも書いてない、学べない知識に感動する。「エビデンスは？」なんて言葉すらどっかにいってしまう。時差と講演会の疲れが出て体調があまりよくなかったので、無理をせずに最小限のエネルギーで学ぶ。このくらいでいいんだな、いつも力が入りすぎていたことに気づく。今回も真髄に触れた感じで、楽しい。楽しいことは、いつも自分に癒しと平安をもたらす。満たされるのだ。研修を終えて帰路へ。もっと一般のお客様も、そして対人援助の専門職の方々にも解放の場を体験してもらえたら……、そんな気持ちで飛行機に搭乗。

翌々日の夕方日本へ帰国。

丸一日オフ。

翌朝、札幌に向かう。2日間札幌で医療職や心理士の方々向けに神経系の自己調整*の講座をする。今まで言ってこなかった解放ということと、これまで勉強してきた知識とを融合させ、発展させて語ってみたい。知識や技術をプロトコルとして習得してもらうために伝える、という従来のやり方から、「魂が輝くことを伝えたい」にシフトしていくことはとても怖いことだった。それでも「チャレンジしてみたい」という意欲のほうが勝って、この札幌の2日間は心身機能の自己調整の講座を解放という状態をゴールに話をすることを試みた。

＊神経系の自己調整：神経系が興奮してリラックスしてという、上がり下がりを安定したリズムと振れ幅で行うこと

神経系、内分泌系、免疫系に調整力が戻ってくると、自己調整が自分でできるので、自分を落ち着かせるため、満足するために、他人を使わなくてよくなるということになる。そうすると支配と依存のドラマを再現するような関係性から脱却して魂のままで生きていく。いわゆる自らの解放が始まる、という内容で話をした。自己調整の時間がある程度確保されると魂が真実を語りだし、自分らしさがにじみ出る。

解放というテーマでフィジオロジー（身体の機能）の話をするのは勇気がいることだったが、意外と反応がよく、そして語っている本人が一番楽しかった。

社会枠に適応するため、周りから承認を求める抑制の多い生き方をしていると神経伝達物質もホルモンも免疫系も妥協した無理な使い方になる。そして、のちの病気や症状に発展する。

調整不全な神経系（イメージ）

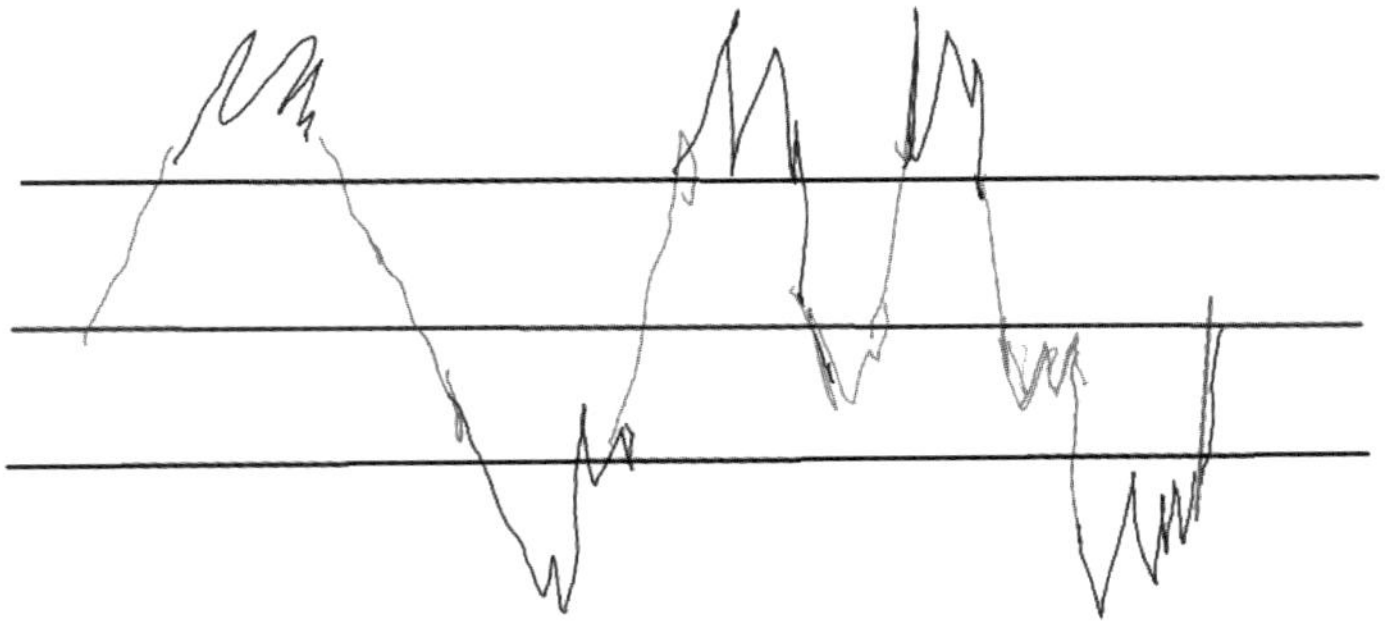

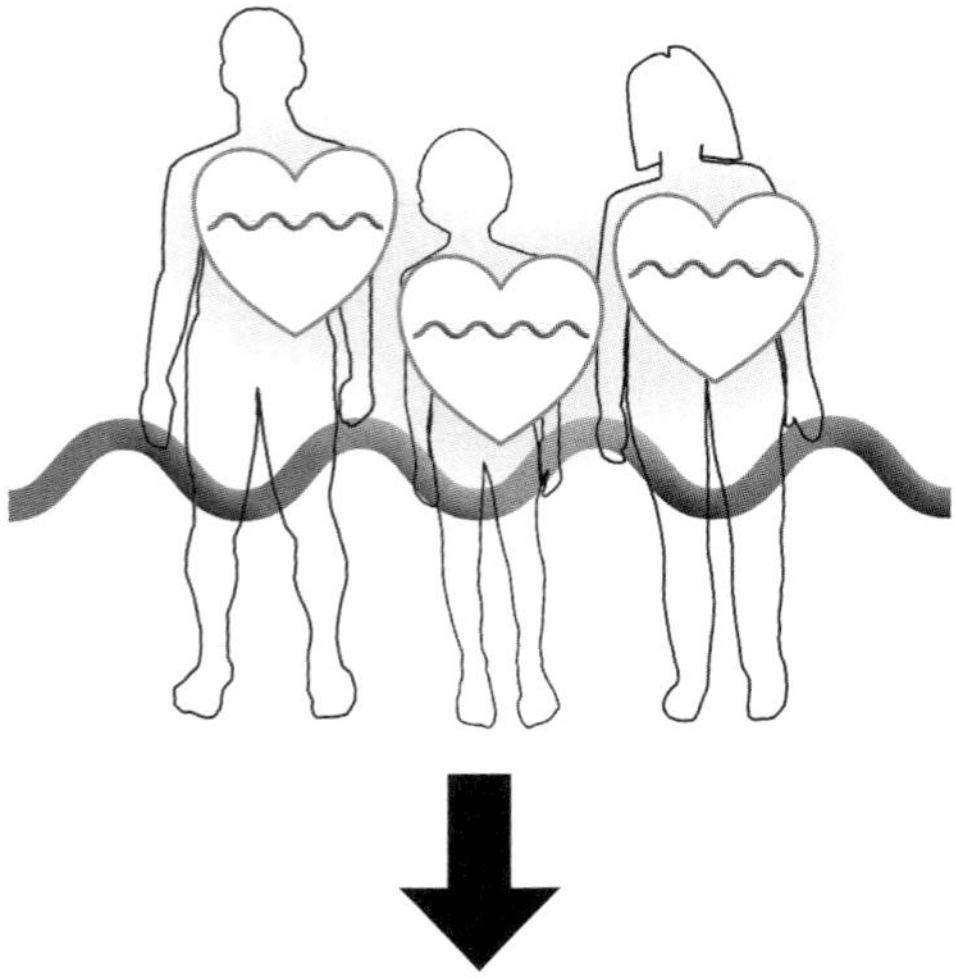

調整力のある神経系（イメージ）

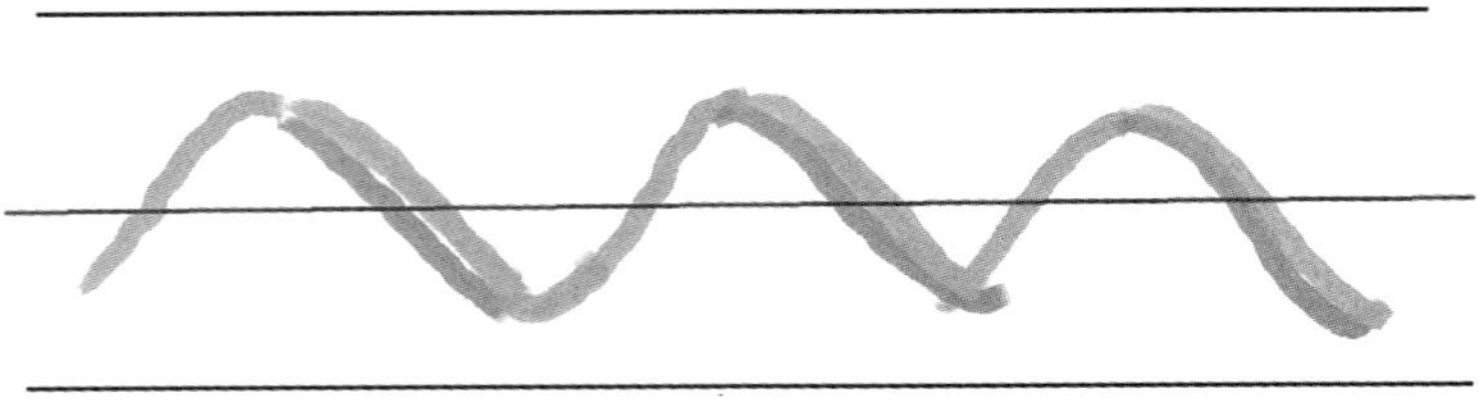

健康という観点から見ると、自分の魂を生きるということは本当に理に適《かな》っている。

片頭痛、神経性疼痛、自己免疫疾患などの心身症状を引き起こすきっかけとなった心理面での記憶やエピソードを扱うという既存の〈出来事へのショックを扱うアプローチ〉は、その状態を抱えるクライアントさんにさらに負荷をかけていく結果にもなりかねない。

私が試みたのは神経の自己調整という状態を体感してもらい、それと同時に解放とはどういうことかについてまずは伝えていくこと。自分の魂を生きることは、自分への抑制を少しずつ解除して、変化を定着させ、そして他のシステムや全体としてのバランスを取っていくことだと。

抑圧を解除することで、つまり自分のあらゆる感情を許していくことで、感情や感覚を作るもとになる神経伝達物質やホルモンの使われ方も変化していく。生理機能が今まで当たり前で仕方ないものだと思っていた抑圧のパターンをやめると、認知も変わる、生き方も変わる。そう、自己価値高い生き方を模索し始めるのだ。

今までの知識や臨床経験をもとに、新しい神経のあり方を作っていく方法を自分なりに応用勉強して伝授する、私にとっては初めての試みとなった。

受講生の方々には私の講義の後に、体験型でお互いハンズオン（触れ合う）ということで生理機能がいかに変化していくか、体感しながら学習してもらった。その奥の深いところには、それぞれの魂のカタチがある、ということを、一人一人に知ってもらい、今度は各人が、自らのカタチを日常に戻ってから「ひらめき」というカタチで発見し実践していく。

受講生からは「支配と依存のシステムがトラウマの再演だ、という話が面白かった」「クライアントの生理機能のパターンを変えることで癒えていくというのが面白い」「身体機能が今変化することで、過去の自分が癒される感じが独特だ」などの感想を頂いた。体験型でしか学べない、その瞬間の気づきでガチンコ勝負。

手を観てもらってから、自らの抑圧パターンを壊すことで自分が癒えてきた。そこからの気づきを実体験として、自分の仕事の中に活かしているだけだが、結果的にクライアントさんが理解して癒えるスピードも速くなった。気づきと解放がその場に起きると、一斉に楽しくワクワクし始めて、その場の波動が上がる。今まで学んだいろんなことがすごい勢いでつながり始めた。

東京へ戻って、次の日も札幌でやったのと同じ講座をする。札幌の時と同様、参加者の方々の反応がよかった。嬉しい感想をみなさんから頂いた。

「これからは自分軸、自分窓口でやっていく」覚悟と宣言ができていく。

今までは協会の規定や既存の療法や技法の枠にはまったことを、いかに的確にやっていくかにエネルギーを注いでいた。既存のものと融合させ、さらにプラスアルファのひらめきが加わるという自分のオリジナルを信じていなかった。自分から生み出せる能力があるということを疑っていた。どっかの誰かがもうやっているだろう、と思って言わなかったし表に出さなかった。何より叩かれるのが怖かった。

この時はまだ何をやるか、そこにどんな言霊を流すかは明確には体系化されてはいない。振り返ればのちの自分オリジナルの「解放のフィジオロジー講座」はこの時に生まれていたのだ。〈ガチでスピするときに宇宙の波動を生きるセルフケア術〉の講座だ。魂のカタチを知る、癖を解除していく心身機能の安定、強化のための下準備とケア。

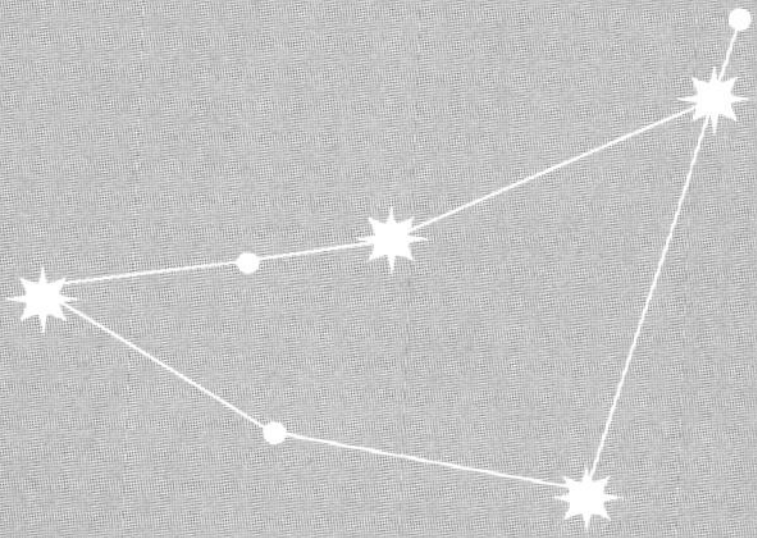

Capricorn

2016年1月10日
✸山羊座の新月石鹸

Chapter 2

✸

覚悟！

✸

――〝社会のいい子〟はやめる！
宇宙枠で生きる変態になれ！

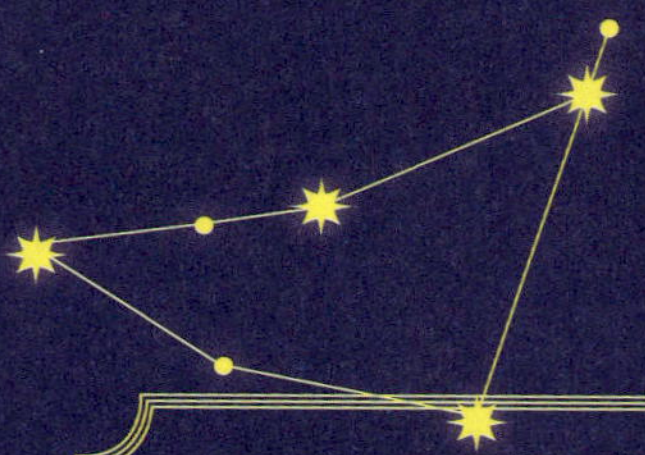

Message put in Soap

石鹸に込めたメッセージ

今回はいつもよりもさらに新月エネルギーを注入！ 良美とTulsi、
新月を一緒に迎え、ヨガをしてカラダとキモチを整え、
クリスタルボウルで氣を含めてさらに整えて。石鹸を作る基材にも
クリスタルボウルの波動をきかせて。イメージを現実化していく
山羊座のエネルギー。射手座のエネルギーで、どこに向かうか、
何がしたいか、方向が見えてきたから、もう、後は
腹を決めていくしかない。キーワードは「覚悟！」必要なのは
もう、それだけ。……そんなテーマで作りました。

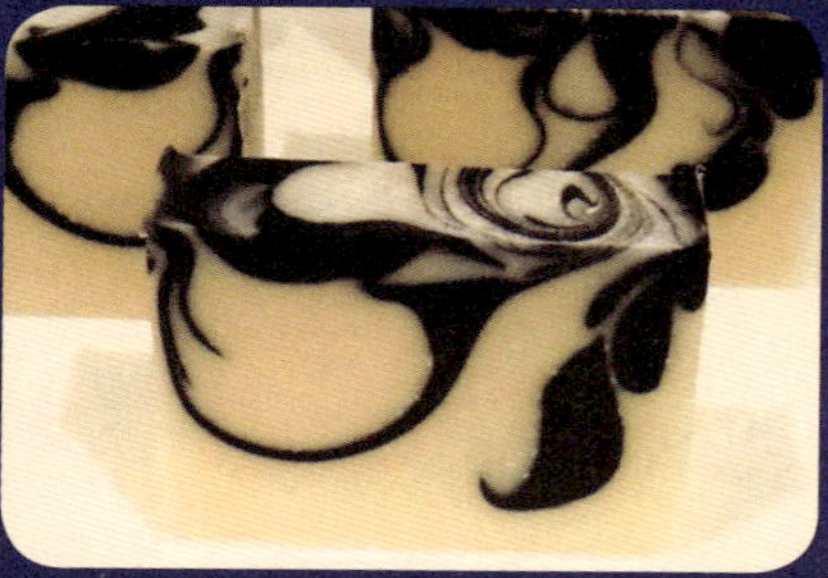

天然の素材たち

無添加の圧搾植物オイルがベース。
オリーブオイル、ココナッツオイル、パームオイル。
白は山羊のミルクとシリカサンド。黒は麻炭。
山羊座の香りにはシダーウッドにサイプレスの精油をチョイス。

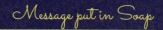

Yoshimi

ココカラ再生！　自分純度100％にならない言い訳はおしまい！

17年間続いた結婚生活に終止符を打ってから、初めてのお正月を娘たちと過ごした。

振り返ると、結婚してから10年ほどの間で、夫には2度の大病からの長い入院生活と療養期間があった。その10年ほどの月日は、良美が魂の癖として持つ、自己犠牲の強さが最大に噴出する時期でもあった。

自分が決めた結婚相手に大きく期待をしていた。正確には、期待を持つことが〈信じる〉ということだと思っていた。夫の収入が増えること、仕事がうまくいくことに期待。結果的には、結婚生活の17年間、ほとんど私が大黒柱となって働いていた。期待を持つたびに失望が答えとなって押し寄せてくるドラマの繰り返しだったが、それも、感じてはいけない、と思っていた。生活のため、既存の夫婦のカタチを保つため、自分を100％出し切ることを我慢して、相手に尽くすコトが、愛だと思い込んでいた。大変な時期こそ、愛の強さで乗り越えるんだと、弱音を吐かずに歯を食いしばって生きることが強さだと信じ切っていた。その強さと思っていたモノの正体は、自分を我慢させた大きさに比例して相手への期待の大きさとなっていたのだ。

そしてもっと深いところの真意は、自分のエネルギーを100％出さないでいられる言い訳として、現状を保っていただけなのだと、今は理解できる。

夫の給与もあった。妻として、母としての役割をこなす代わりに、自分の仕事をセーブすること。その時点で手にする収入や状況に満足をしていた。いや、させていたのだ。

他者に期待して自分を出し切らない依存の正体だ。

うまくいくと思った矢先の転落劇も3度目となった後に選択した今回の離婚。それは、他者への期待を全て手放した結果であった。

離婚すると決めた際には、外部から、

「旦那が大変なのに！　そこで寄り添うのが夫婦なんじゃないか？」

という声も多かった。それに関しては、1度目・2度目の大病をした時に、しっかり寄り添ってきた体験があったからこその私なりの決断だ。そんな声にはもうブレない。

「勝手なあなたの夫婦像を投影しないでよ」と無視した。

既存の離婚のイメージとは違う。お互いの自立のための前向きな離婚なのだ。夫が母国に帰る前には〝離婚パーティー〟を開いて17年間の夫婦のカタチを卒業した。

離婚してからの日々。夫の給与も、もちろん養育費もない。夫の病気以降、看病や仕事のセーブで、周囲から借りた借金もあった。

またマイナスからのスタート。でも、ここからだ。ココカラ再生。自分が本気で仕事をしていく上で、いったい、二人の子供を育てながら生活を維持していくことはできるのか？　今までのままでは確実に生活費は足りない。不安に思うよりもとにかく100％持っているエネル

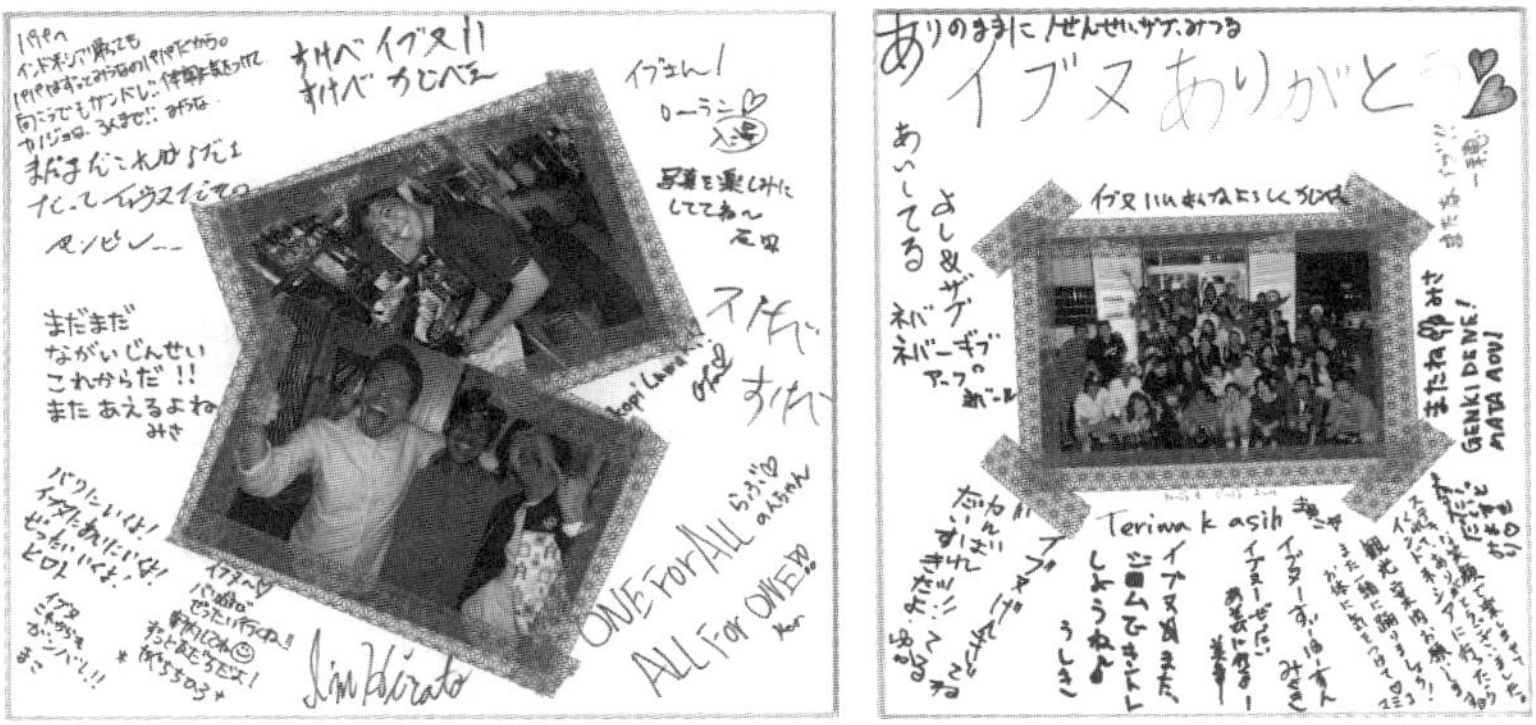

離婚パーティーの時の寄せ書き。17年間の夫婦のカタチを卒業した

ギーを注ぐことに集中した。

いよいよ自分に期待するのだ。自分の中にある体験や知識、肉体・感情・思考……アルもの全てをさらけて生きていく。

手相はツール。流すのは良美自身の波動。自分の魂のカタチ。

そう決意して、自分が今後活動していきたい姿を思い描く。

自分純度100%のエネルギーを発信する場所、受信してもらう人や場所を拡大していく!!

2016年頭に描いたこれからのナリタイ自分の姿は、今まで伝えてきたことを本として出版することと、魂のカタチを生きる方法を今まで以上に大きな場所で、沢山の人に伝達すること、だった。それを宇宙に宣言した。

山羊座の現実的で地に足のついたエネルギーを受けて、社会的な自分の立ち方を描き、付けたタイトルは「覚悟!」になった。

Session 2

2016年1月28日

魂のカタチのまま 高い波動で生きることを阻む癖のメカニズム

感情にフタをして我慢させる重い波動「自己否定」からの解放

Yoshimi あったことを教えて？

Sakiko ある勉強会のことで。仕事のパートナーが実績作りに一生懸命で。彼女にとってはどうしてもやりたい仕事なんですが、私はたいして魅かれないんです。もともと平等な仕事の分担とは思えないし、そんなに労力をかけてやる価値はないんです。もう内容にはあまりワクワクしないし。これって、自分に正直になっていないな、と思いながらもなんとなく協力してしまう。一生懸命スライドを作ったりして。

Yoshimi そのことを正直に彼女に言えたなら、本当は、咲子さんはもっと自分のためにエネルギーを流し、波動を上げていけるって、分かっているよね。でも、言えないのは、自分のエネルギーを相手に捧げないと自分は愛されない、必要とされないって思い込んでいる魂が抱える癖だよ。

足枷《あしかせ》を作る癖。魂って、どんどん自分を上昇させようと動くんだけれども、止めてくれるものがあると行かなくて済む。そうやって重い波動を良しとする癖があるんだよ。

私は今、勉強会でも集客しているので、なかなか手放せないんです。社会的な立ち位置になっているし。安定を手放すのは難しいですね。でも、自分の魂を生きるということ、魂のままにありのまま生きることが自己価値の高い生き方ということをこの間セッションで聞いてから、今まで思っていた幸せの価値観って社会通念に基づいていたんだな、って痛感しました。セッションを受けてからの日々は、それを見直していく時間でもありました。

うん。魂のカタチのままに生きる。それって、社会枠をはみ出た、いわゆる社会から見た、周りから見たいい人ではなくなるんだよね。いわゆる変態。魂は社会も地球も超えた宇宙枠だからね。でも、そうやって生きたら、今までの場所にはいられない、会社に行きたくなくなる、この相手と一緒に過ごせなくなる。そしたら、自分は生きていけるのか？　その壁が浮上してくるよね。

はい。自分に正直に生きたら、安定を手放して自分で勝負しなければいけなくなる気がします。

そう。そこにぶつかる。みな、最終的には、自立していくことが恐怖で自信がなくて、自分を我慢させて今のままで存在していい、我慢するのは仕方ない、という場所に居続けることを選択しがちなんだ。でもね、実際は、誰かのために生きない、自分の感じたままに生きる、という選択は、確実に今までの安定よりも良き流れになっていくから安心してね、って伝えてる。

そうなんですか？

うん。魂のままに言霊《ことだま》を発する、絵を描く、歌を作る、料理を作る、コーヒーを淹《い》れる……、それを受け取った人は、聞いた人は、見た人は、そこに注入された波動の高さを瞬時に感じる。愛情いっぱいのおふくろの味はおにぎり一口でも、食べたらほっとする、また食べたくなる。アートや創作品だったら魂が震える……そんな体験したことがあると思う。魂を何かのツールに転写して表現されたものは、歴史に残り、ずっと愛され、何百万枚というセールスになり、ホールを満員にして、行列店を作る。

分かります。魂が震える感じ。涙が勝手に溢《あふ》れてきたり。

魂のままに生きた人の言葉、作品、それから魂を込めて作られた料理。魂のままの高い波動が込められたものに触れると、触れた側の魂が自然と開いちゃうということが起きる。私たちの中にある魂は、高い波動・エネルギーに触れたい習性がある。料理であればそのエネルギーを

食べている、音楽や絵画などの芸術であればそれが発するエネルギーに共鳴している。高い波動に触れた魂はその波動を受け取る。この肉体はその波動に震える。それが涙になったり、胸が震える、という波動で教えてくれるんだ。

前回からも波動っていう言葉が出てきたんですが、分かっているようで何かあいまいな理解です。

波動とはエネルギー。魂も波動。魂はそのカタチを体現するために、この肉体・感情・思考を持つの。そこは前回伝えたよね。
波動は同じもの同士が引き合うようになっていて、波動の引き寄せとは重いもの同士、高いもの同士。逆に違いも分かりやすく違和感、居心地の悪さとなって感じるの。だから引き寄せた人や出来事を見れば、自分の波動がどんな状態か分かるんだよ。
それから、波動は瞬時に感じることができるので、すぐに影響を受ける。一気に元気が出た、急に苦しくなった、とかね。
日常でも、いつも感じて行動しているはずだよ。例えば、落ち込んでる時に、賑やかで明るい人たちが集まったカフェに入ろうとしたら、ドアを開けた瞬間に「あ、無理！」って入れなくなったり、ワクワクこれからの旅の準備で明日を期待している時に、ネガティブな相談を持ちかけられたらその人と話しても楽しくないな、って感じたり。

なるほど。たしかに日常の中でいつも感じているものですよね。

魂は、向上したい、学びを高めたい、さらなる自分の可能性を広げ、能力を磨いて生きたい、と自分の波動を高めていく特徴を持つ。何もしないと、動き出したくなる習性があって、動くためには、重い波動があると困難だよね。魂の特徴は同じ波動の引き寄せをするけど、波動を高めていくために、ときどき、波動の高い所に集まり、触れることで、自分の波動を高めよう・調整しよう、とするのも分かるでしょ。それが場所であればパワースポットであり、人であれば自己価値の高い人、物質やアートであれば魂のこもったモノ、偽りのない本音が書かれた作品とかね。

そうですね。要は自分が居心地がよかったり、ワクワクしたり、感動して視界がクリアに開けたりすることが波動の高さに触れていることなんですね。

波動は瞬時に転写できる。言霊でもそれは感じられる。波動が高いものに触れたら魂が震えるし、波動が重いものに触れたら、自分を反省したり、戒めたり、窮屈な感覚になる。そのままでいることを止められる感覚になっちゃう。

反省や戒めは重い波動ですか？

うん。魂のカタチを知るために、自分の感情を知り、許す、ということが大事！　ってセッションでは言っているけど、その際に自己否定、罪悪感、後悔、反省、自己嫌悪って一切いらない!!　って伝えてる。それらは思考であり、そして、自分の感情にアクセスさせない抑圧という重い波動なの。

反省とか、自己否定、って瞬時に入ってきますよね。

それ、ほんとにいらない。もちろん、自分の世界、自分の内側と繋がるために、という意味ね。まずは自分を許す作業。そしたら、感情が出てくる。それら全ての感情を宇宙箱に返す、というワークのために、ということでね。
自己否定したら、そこで、ほんとの感情は出てこなくなる。自己否定は、自分を我慢させるための言い訳だよ。魂の高い波動を押し込めたままで良しとする、重い波動。

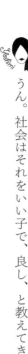

つまり自分自身を抑圧しておけるものなんですね。自己否定や反省は。

うん。社会はそれをいい子で、良し、と教えてきたけど、結果的に、それは〈自分がいったいどう感じどう願っているのか〉を見えなくさせる格好のお説教。我慢強くて聞き分けのいい子。そしてそれはとても支配しやすく育て上げることができる。

支配と依存を生むんですね。支配ってそうやって自分らしく生きるエネルギーを奪っていくんですね。私、まさに社会人＝忍耐強く、文句を押し殺せる人だと思ってましたもん。それを自分のアイデンティティにしてきました。

逆に、自分の中の重い波動を手放したら、どんどん自分自身の波動が上がっていく。現実の中でのあらわれ方としては、伝えたいことを伝え、やりたいことをやる。本音を隠さないで自分は感じて良し、伝えて良し、としている状態になる。その状態で発信したものは波動が高いモノとなり、自分自身もそのままで波動が高い存在。それだけで、何かに頼らなくても、安定にすがりつかなくても、得意なツールで自分を発信していくだけで、仕事も愛も循環はどんどん良くなっていく。

メディアの中で言うならそこの境地にいる人は、私から見たら、叶恭子さんとかマツコ・デラックスさんとかだよね。「アウト×デラックス」のアウト軍団とかもそうかもね。そして、仕事になっている。そこ感じられるでしょ？

たしかに！　みな、キャラが一人一人立ってますものね。相手軸じゃない感じ。そうやって自

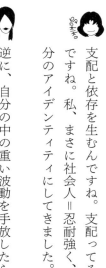

分軸になってくると瞬間を生きるようになるんですね。そして私たち理由を勝手につけているだけで、自分でいくらでも固定観念を崩して生きられるわけですものね。

ありのままの魂を生きる人の所には高い波動の人が集まる。だから、今までの自分では考えられないようなドラマも出会いも運も縁も引き寄せて、どんどん人生が広がっていくのも感じていけるよ。

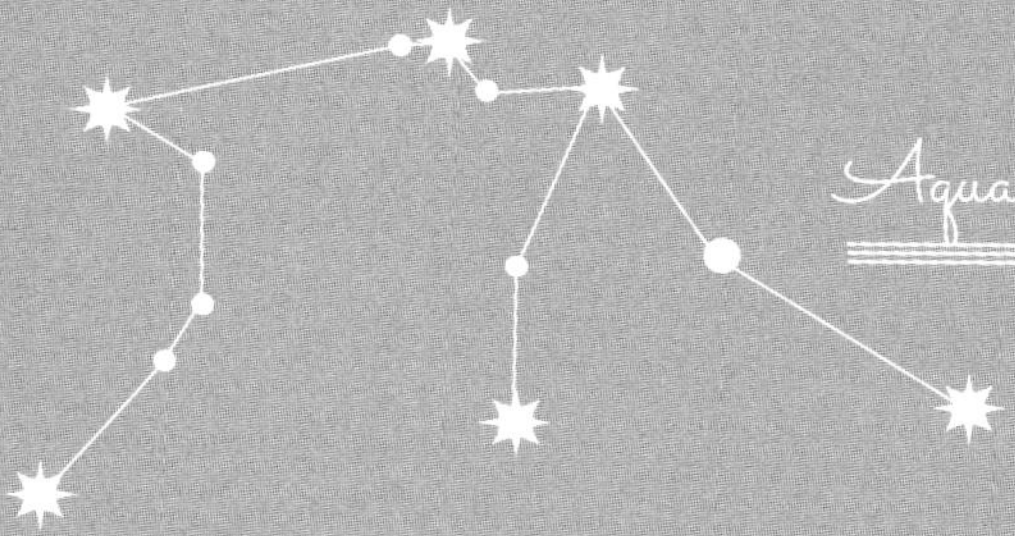

Aquarius

2016年2月8日
水瓶座の新月石鹸

Chapter 3

軽やかな思考。潔い決断。

――魂の声に気づいたら
もう無視できないよ

Message put in Soap

石鹸に込めたメッセージ

陰と陽の融合。抑圧からの解放。
それぞれの魂を生きていく自立に向かうことで
違いを認め合い尊重していく平和のエネルギー、水瓶座。
山羊座のエネルギーで覚悟！をした方は
もう、他との違いを気にしないで突き進む強さを持つ。
キーワードは「認め合う。許す。」

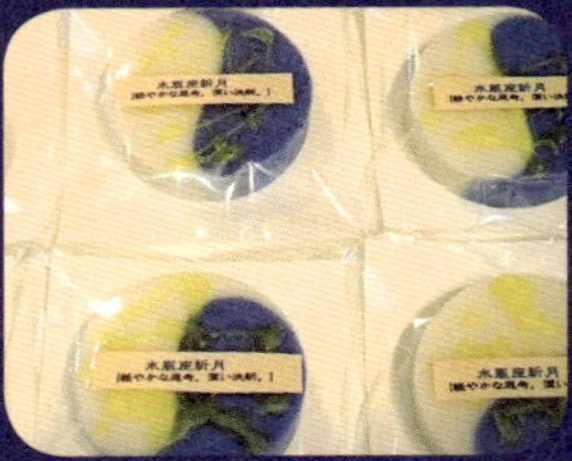

天然の素材たち

無添加の圧搾植物オイルがベース。
オリーブオイル、ココナッツオイル、パームオイル。
白はシリカサンド。青はウルトラマリン。
水瓶座の香りにはユーカリの精油をチョイス。

Yoshimi

自分の魂のまま生きる手前の総決算！　丸ごと自分を許す段階へ

立春あけて、ここから新たなエネルギーのサイクルが始まる。

季節の変わり目とともに、太陽の生命エネルギーの変化を通して、立秋にたどり着くまで、どんどん魂の声に気づきやすくなる日々が始まった。

気づかなかった声に気づいた時から、抱えたまんまのその重い波動が中から外に出たがってウズウズし始める。

〈ほんとの声に気づいている。気づいたら、もう無視できない〉

と同時に葛藤が押し寄せてくる。我慢して本音を抑えてしまうパターンだ。重い波動を手放さない、魂の癖。

「やりたいことだけして楽しく生きていきたい!!」

「子供とただ安心して笑って生きていけたらいいなぁ」

「それでも生活のため。子供たちを育てるため。頑張らないと!!」

「アタシが頑張らないと。誰も守ってくれないのだから!!

そんな、感情と思考のぶつかり合い。

離婚してから頑張ったぶん、仕事もさらに多忙になった。現実的には笑顔で仕事。心の中は疲弊してる。生活のために仕事しちゃってるから疲れてしまうことには気づいている。頑張らないと生活は楽にならない！　っていう思い込み。自分のために生きていけば、全ては思うままに循環が始まる、って分かっていてもこの癖はなかなか手放せない。

〈……アタシはこのままで望むもの全てを受け取っていい!!〉

そう思うことが自己価値の高い生き方、と伝えてきたからこそ、宇宙は、まだまだ、頑張って受け取る、という自己価値の低い自分がいることを見せつけてくる。

難しく生きるな。シンプルでいい。思って願えば、宇宙は全部引き寄せてくれる。自分を信じて宇宙を信頼する。それができた時、今までも、必ず宇宙はギフトを見せてくれた。

自分の魂を生きる＝自己価値の高い生き方、に入る手前の総決算が始まるのを感じていた。

気づいてない無意識〈潜在意識〉に、自己価値の低い自分がいる限り、目の前に広がる現実は、自分を我慢させて周りの状況を許してしまうドラマ。仕事の上でずっと言い続けてきたのは、我慢の下にアル本音に気づきそれを自分が許す。丸ごと許す＝自分を愛する、だ。全感情を認めて許せないならば自分の全部を愛せない。その埋め合わせは他人から愛をもらい、承認をもらう。他人に価値を決めてもらう。自分の根っこにまだ依存が存在するのだ。

変わっていく……。

まだまだ深い感情の奥を見ていく手前の恐れのような期待のようなザワザワ感がある。そんな時は、

「アタシどうしたい？　アタシどうしたい？」

たくさん自分に問いかけてあげる。
我慢という思考の蓋がグラグラと揺さぶられては、漏れる感情の声。
様々な声を自分の世界だけには許してあげる。

難しいのはイヤ。軽やかに生きていく！
そうさせてくれない関係性や引き寄せは、もう要らない!!
辛くない、痛くない、哀しくないフリをする自分から脱皮しよう。

知性とコミュニケーションと行動の軽やかさを司《つかさど》る水瓶座のエネルギーを受けて、そんな
自分の状況からタイトルが生まれた。

Session-review 1

2016年2月4日

魂の癖が引き寄せる抑圧ドラマを終わらせる「WANT!」の魔法

（最近はよく、前回のセッションの録音を聞き直している。高い波動に触れているようなそんな気がする。でも、良美先生を信奉しているわけでも敬愛しているわけでもない。権威者として崇めているわけでもない。ただ、自分の魂が語られていることを聞くだけで心地よい）

例えば、罪悪感で自分を抑えたり、誰かのために生きなくては！　と強迫観念にかられたり、このままではダメだ！　という自己否定の癖を魂が持っていたら、肉体・思考・感情を通して、その波動を発するので、目の前の現実に、その癖を持っているが故のドラマを引き寄せ、その癖に気づかされ、味わうという引き寄せが起こるのね。引き寄せているのは自分で、その癖を持っている、というドラマを繰り広げることは宇宙からプログラムしてきているの。そしてその時に感じる感情に気づき、向き合い、味わい、そしてうんざりして手放すまでいかないと、そのドラマは延々と再現される。無視、抑圧すると余計苦しくなるの。

ありのままの自分で生きることを止めるのが魂が持つ癖、と伝えているけど、ありのまま、魂のまま、とは、波動が高い状態。

言葉にすると、〈幸せなキモチ〉だったり、〈ワクワク〉している状態、〈全てうまくいっている〉状態ね。

だから「どうすれば幸せになりますか？　仕事がうまくいきますか？」の答えはいつも、自己価値を高めて、波動を上げてください、になる。

私たちは、自分の魂の波動を目の前のツールに転写して生きている。

魂は自分の重い波動を感じたら、高い波動に触れて、自分の波動を調整しようとする。だから流した波動が高ければ高いほど、人が集まってくる。

魂のままに生きるには、自己価値を高め、波動を上げる。私の場合は具体的にはどうしたらよいですか？

そうそう、みな、何をすればいいのか？　って、その何かを、外に探しに行くのよね。
でもね、目に入るモノは自分自身を映し出す鏡でしかない。
「どうしたらよい？」と誰かに聞いてる状態も、まだ自分以外のものに期待してる状態。だから、ツールに期待し続けてしまう。「コレをやったらどうかな？　コレなら変われるかな？」って。そしてツールや自分以外のモノに期待して手にした結果は失望しかないの。
大事なのは「こうしたい！」と自分の中から湧き上がらせることなんだ。だから「WANT！」

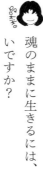

が大事なんだけど。そしたら、そのWANT！を満たすモノが目の前に来た時に摑《つか》むだけ。とってもシンプルなコトなんだ。

ですよね。WANT！がどれだけ自分の外のモノに承認を期待してのものじゃないかも見極めたいです。

咲子さんは、とにかく楽しむことをしたい！ ワクワクが原動力！ な魂さんなんだよね。だからワクワクドキドキを楽しみたい!! それだけを言っていればいいの。

WANT！ってそんなにシンプルなコトでいいんですか？

うん。何をこうして、ってしっかり明確に見つけなきゃ！ ってみな思っているけど、WANT！ってシンプル。「一番になりたい！」とか「誰よりも有名になりたい！」とか。ツールはそれを叶えてくれるモノだから、限りなく目の前にアル。でも、コミットしてしまうと、枠がせまくなって、たくさんのサインを、取りこぼしてしまうことも多い。

なるほど。ワクワク楽しいって範囲が広いですよね。それに広がりを持つ自由なもの。

うん。そこに咲子さんの能力を活かして楽しむ。（手のひらを見ながら）咲子さんはとっても共感体質だから、それを自分のために使えばいい。例えば、歌う、踊る、演じる、などの、なりきる能力を活かせるコトが、とても合ってると思う。自分は楽しみたい!!　自分のために能力を自分に使う!!　って決めたらツールは宇宙が運んできてくれるから。

そしたらとにかく摑む。まずは触れてみる。理由なんか要らない。好きだからやる！　それが咲子さんの魂さんのカタチ。……ねぇ、芝居やってなかった？

いいえ、ダンスは3歳からやってましたが。……あっ、芝居やってました！　小学生の頃かなり。なんで分かったんですか？　最近、お芝居勉強したい、演じてみたい！　って思ってたんです。

えー！　絶対いいと思う！　やってみて！

でも、今さら、ですよね。プロになるわけじゃないし。

それが要らない思考。やりたい！　には、理由がないの。ただ好きだから。それでいいの。

（こう言われて何か無性にどこかへ行きたくなる。セラピストとしてこう言ってはなんだが、セッションで家族や自分の生い立ちを嘆いて、安全な場所をイメージしたり、リソース（資源）がなんとかとか言っているよりも、芝居や音楽に実際に触れ、自分でがんがん踊っているほうがよっぽど勝手に魂が開く。
アートを通して自分自身の感情のエネルギーに触れることはどんなセラピストにもできない私にとって最高のヒーリングなのだ！　そうやってエネルギーを発散させられれば何もなくても幸せなんだ！）

Sakiko

魂のイゴコチを良くする神経系・内分泌系・免疫系モデル！

2月某日、5日間のあるボディワークのクラスの2シリーズ目を受講した。実は1シリーズ目のクラスでの実習中、あれだけ自分は感覚に優れているような話しぶりをしていた講師がマイクのコードに躓《つまず》いてこけたのを見て、軽いギャグかと思わず笑いをこらえられなくなってしまった。笑ってはいけないと思えば思うほど込み上げてくる。咳をしたりして誤魔化《ごまか》していたが、やはり笑える。「なにふざけてんだ！」みたいな重い雰囲気で咎《とが》められる形になった。笑ってしまうのだからしょうがない。失礼かもしれないが、笑いは私の人生にとってとっても大切なものなのだ。今では笑いを抑えたり、咎めたりするのが重い波動ということが分かる。霊安室のような静かな研修の場。そんな場で無邪気にウケてる自分。すごく体調が悪い。この研修中、体温が34度台になっていた。肌はかさかさ。仙人のように気持ちは静かなのだがなんかいつもの覇気とパワーがない。アレルギーも出てきそうな感じ。喉や鼻がおかしい。受講生の方々を見ると良美先生がセッションで言っていた樹木さんたちの魂*の集まりだな。

ジムに行ってZumba踊って元気出さなくては。踊らないと死んじゃう、感情を発散させないと！

*クリスタルの魂：無邪気で子供のような魂さん。子供のよう、とは、本能・欲求、感情に正直であ

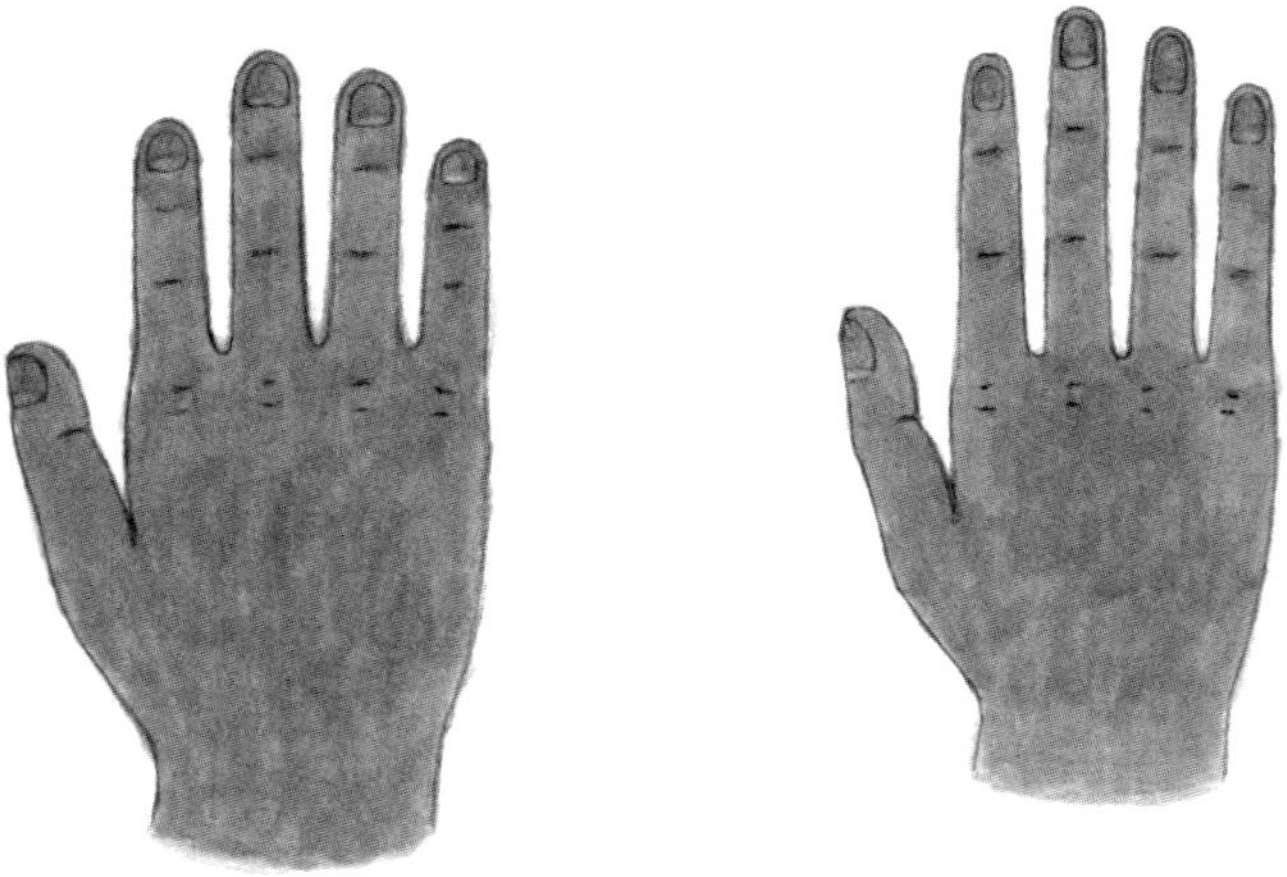

クリスタルの魂さんの手の甲
※クリスタルのような手の甲。クリスタルの魂さんは、指の関節が目立ちません

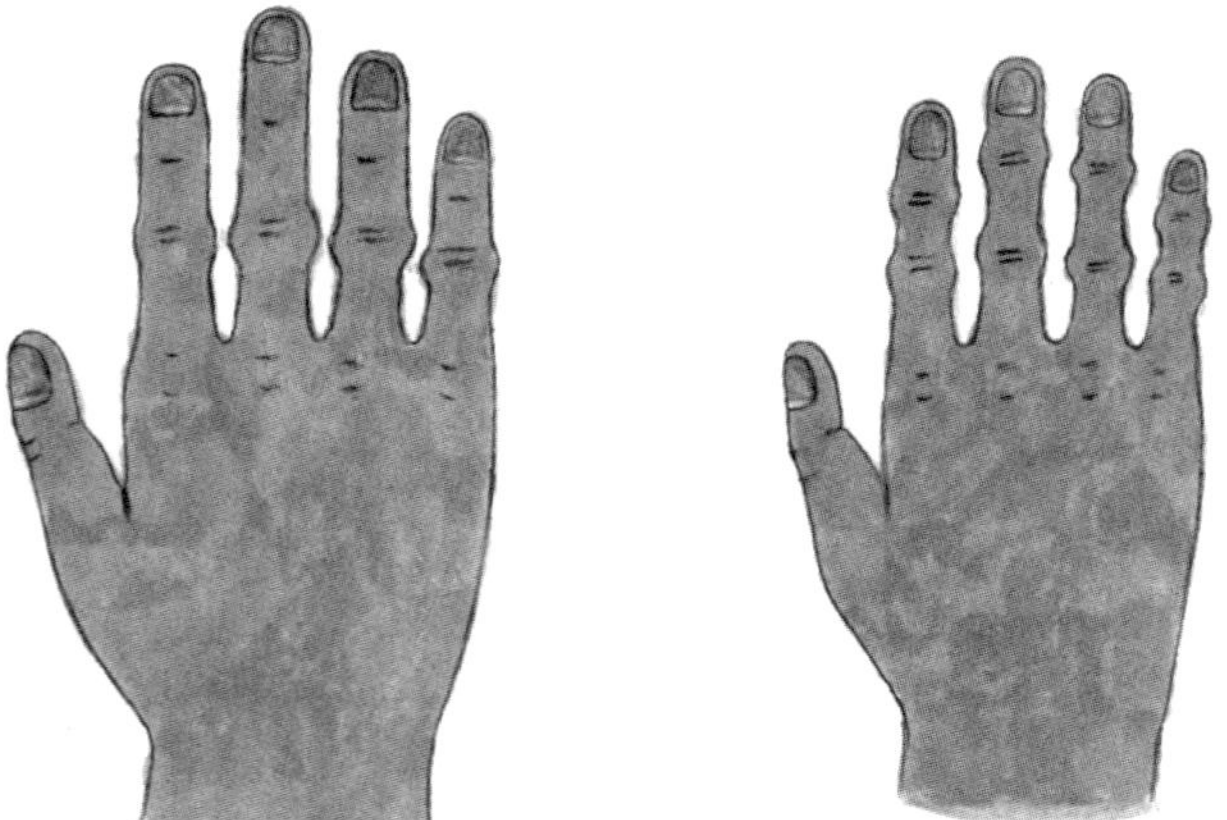

樹木の魂さんの手の甲
※樹木のような手の甲。樹木の魂さんは、指の関節が目立ちます

（イラスト：トーマスりか）

ること。クリスタルの魂さんにとって、そのままの状態、とは、湧き上がる感情を抑えることなく、自分の「WANT！」に理由を必要とせず、思うままにやりたいことに従って生きる、という状態。楽しむこと、喜ぶこと、五感を味わうことが得意。

＊樹木の魂：知恵をたたえた大人のような魂さん。大人のよう、とは、思考することにエネルギーを注ぐことが得意ということ。やりたいこと、好きなことに対しても、そこに理論が必要であったり、またそれを研究したり、人に教え伝えることも魂のカタチに従って生きる、という状態。

そんな魂のカタチを良美は手の甲からリーディングしている。

霊安室のようなボディワークのクラスの最終日の夜、大阪へ移動。

翌朝から2日間、札幌でやったのと同じ援助職の方々向けに心身の働きと解放の講座を開く。話しているうちにさらなる気づきが深まってくる。今までは、「このくらいもらっているのだから、ここまで習得してもらわないと価値がない」と自己価値の低いインナーチャイルドが仕事をしていたようなものだが、解放について自分が伝えたいことを少しずつ伝えだすと、場が開かれる瞬間がなんとも愛しくなってくる。出し切って大阪をあとにした。

いわゆる良美先生がやっていることが「魂のカタチ」をリーディングし、そのカタチを生きる方法を伝える、だとすると私の専門分野は「魂のイゴコチ」を良くする方法だ。心身の状態を生理機能＊を向上させていくことで補強し安定させていく。自分のやっていることに名前が付くというのはエンパワーメント（力の付与）になると言われているが、どう発信していくか、循環させるか、は、さらに勇気と気合が必要になる。

＊生理機能：要は心身がどのように機能し、働いているか、ということ。

東京にすぐ戻り、今度は援助職の方々を対象に〈ハンズオン〉を使って生理機能をあげていくシリーズ講座を開催。それは長年アメリカの師匠から習ったことであり、そこにさらに自分で学んだことを刷新して加えてきた。言語獲得以前の愛着の修復には非言語の〈ハンズオン〉でしか癒せない部分がある。援助職向けにハンズオンで生理機能の調整力を向上させていく技術を2012年から教え始めた。少人数集中型の7日間講座で教え、既に全国で7回開催している。相当な受講料にもかかわらず、約50人の講座修了者を世に出している。

しかしながら、〈ハンズオン〉についてはアメリカですら心理療法では禁忌《タブー》なか、堂々と言うことを恐れていた自分。やはり批判をされてきたし、実際のところ誰の許可をとって教えているのだと何度もぐじぐじと言われてきた。陰口も相当言われてきたし妨害行為も受けてきた。そんなときは、講座の名前を様々に変えて、生き延びてきた。私の提唱したいことは、ストレスに対処してきた神経系、内分泌系、免疫系のパターンの改善を〈ハンズオン〉の知識をもとに試みるということだ。神経系が内分泌系や免疫系のサポートを受けて、うまく三つ巴で働くようになると自律神経系の興奮とリラックスの穏やかなパターンが出来上がる。精神神経免疫学と言われているものに〈ハンズオン〉を取り入れて、さらに極めていきたいと思っている。実際のところ内分泌系、免疫系についてはアメリカで学んだものをもっと深めた内容だし、オリジナルのモデルやチャートでも説明している。マイナーフリーズ*という概念も生み出した。マイナー（小さな細胞レベル）のフリーズから取り組んでいくことで、効果を実際に上げてきたのだが、……まだ堂々とやれていない自分がいる。

*マイナーフリーズ（小さいフリーズ）：神経系が許容程度を超えて圧倒された体験からくるショックの状態をメジャーフリーズとすると、メジャーフリーズがあるがために妥協した心身の使い方をするために起きる2次的なフリーズ（凍りつき）状態。

そして再び札幌に飛ぶ。

援助職の方々に〈ハンズオン〉のクラスをする。アメリカで学んだこと、札幌、神戸、東京の講座で話して気づいたことを伝える。心身の機能に働きかけて、解放を語る。じわじわ穏やかに生命のエネルギーが戻ってきて、魂のカタチを発見したときの感動をその場にいた人みんなが共有する。癒すも癒されるもない、一人一人のよりよい心拍、呼吸が生み出す場の力。よし！と自分の中で小さいけれどもたしかな声がした。

札幌での2日間の講座を終えて、東京へ。

自らのオリジナリティを生み出すという体験は初めてだが、認知にのっとっていない中から

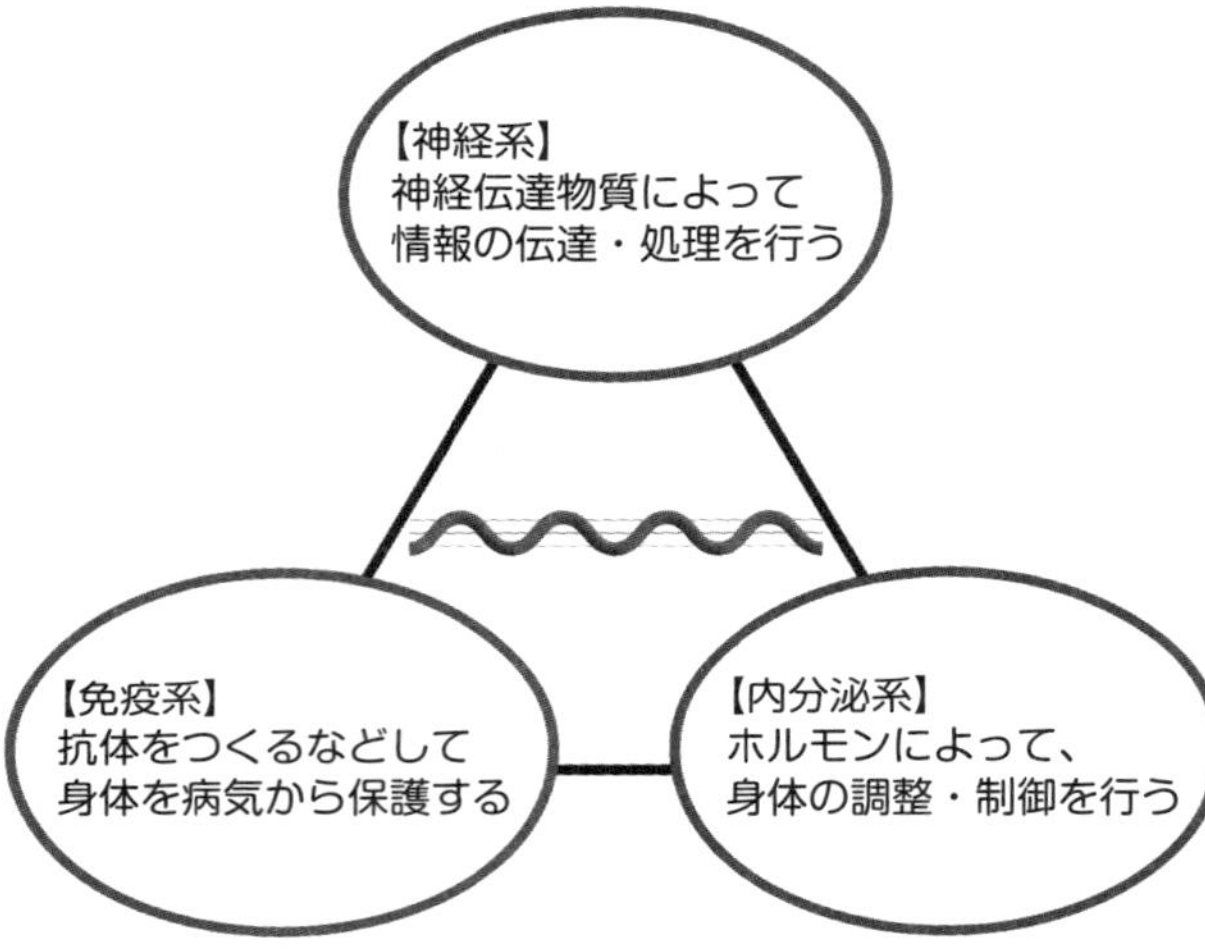

これらはバランスより成り立っており、
お互い協働し合っている。
ひとつに負担がかかり過ぎると、
他の部分が過剰に働き、健康が害される。

参考文献『安保徹の病気にならない免疫のしくみ（図解雑学）』ナツメ社

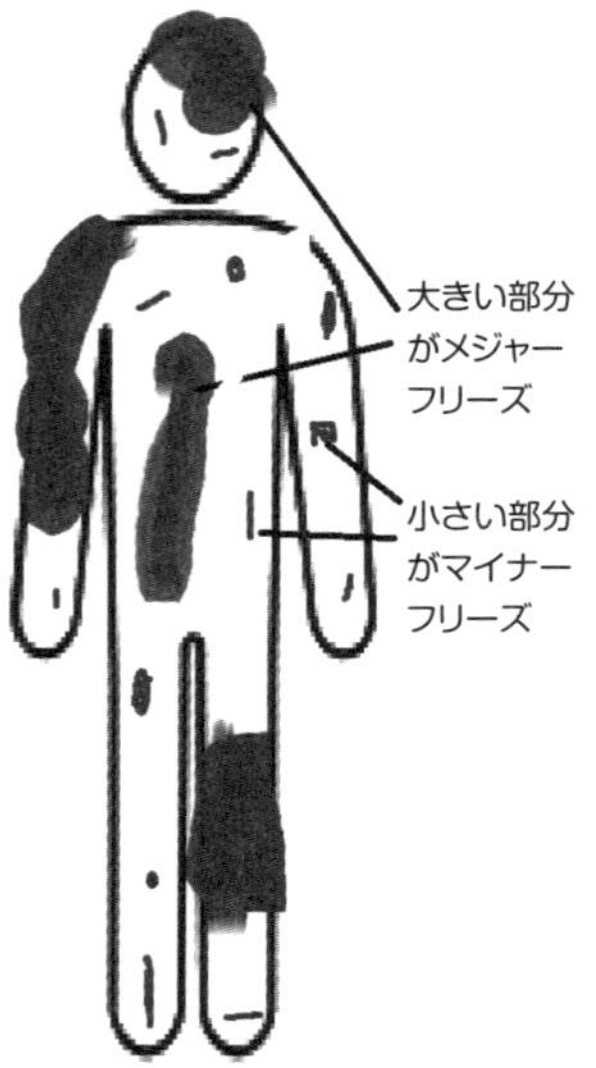

創造するって、物凄くエネルギーを使う。心地よい疲労だが、実際はグダグダに疲弊してる。それに加えて、忙しく移動が多い生活といくつもの数と内容の講座を受け持っていた緊張感。そこからいよいよ解き放される。オフを満喫するぞ。

お芝居が観たくなり、2月26日芝居のチケット2つとる。「夢の劇―ドリーム・プレイ―」という芝居と美輪明宏さんの「毛皮のマリー」。その際に俳優養成所の宣伝を見る。やっぱり演じてみたい、学んでみたい。衝動が自分の中から湧いてきたので、体験ワークショップにエントリーしてみた。その日の夕方電話がかかってくる。仕事で出られず、折り返す。「興味があってワークショップに参加したいのですが……」と言うと、29日の体験オーディションに呼ばれた。怪しい。いい歳をしてそんなとこに乗り込んでよいのだろうか、大丈夫か、自分⁉ でも、調査してみたら、助成金まで受けているちゃんとしたところだった。

閏年の2月も終わりの日、14時、オーディションに行った。セリフを読んで、実際に演じてみる。感情を露わにするのがなんとも快感だ！ ダンスは有名なパントマイムの先生と踊る。振りを覚えきれない。どうしよう。そのとき、その先生が合わせて踊ってくれる。何かを成し遂げている人は寛大。その空気感たるや、空気の粒子や音との絶妙な流れが心地よかった。ああ、そうだ。3歳の頃から私は踊るのが大好きだった。好きなことを意味もなく出し切れる瞬間。もうこれでいい、ここで学べなくてもいい。こうやって気持ちよく発散した、踊れた！ そう思って養成所を後にした。このことは忘れよう……。

次の日、郵便受けに合格通知。忘れようとしたのになぜか涙が溢れてくる。合格が嬉しいとか、芝居ができる喜びとかではない。今まで抑えてきたものをただ評価や他人の目を気にせずに出してみて、それが誰の邪魔も受けずにむしろ、讃《たた》えられたという、なんとも言えない気持ち。邪魔や批判に無条件になれっこになってきた自分。

倍率15倍を突破。

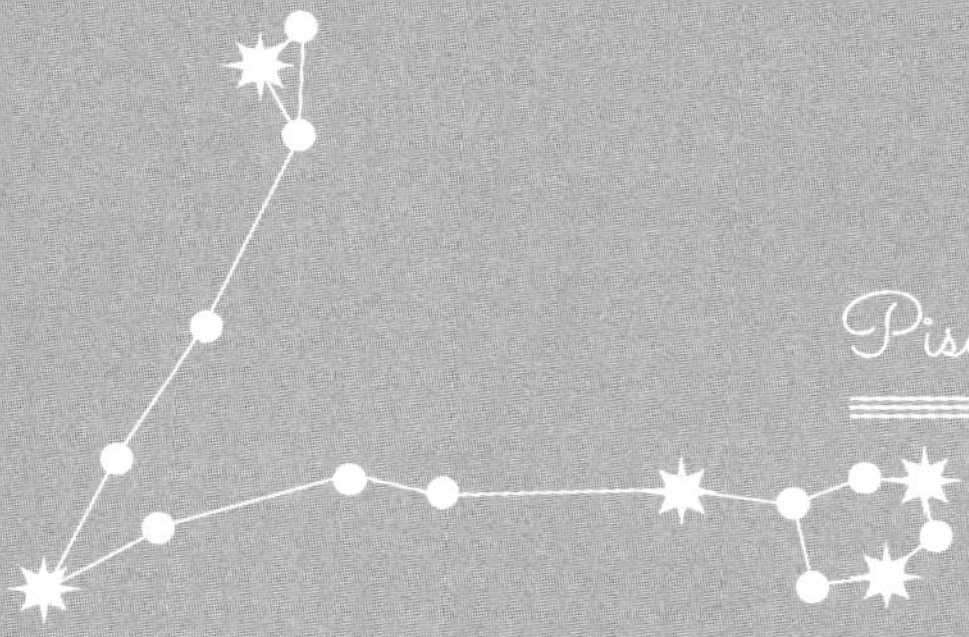

Pisces

2016年3月9日

✸魚座の新月石鹸

Chapter 4

✸

感情の癒し。宇宙との融合。

✸

——抱えた全感情をポイ捨てして、
なりたい自分を宇宙にオーダー！

Message put in Soap

{石鹸に込めたメッセージ}

キーワードは「自分の全部を許す。我慢は許しじゃない!!」
おわりのはじまり。
いよいよ春を迎える前に我慢して抱えた感情は
宇宙にポイ☆して　なりたい自分を宇宙にオーダー。
みんな繋がってる。軽くなって　新しいステージに入るのだ☆
……そんなテーマで作りました。

天然の素材たち

無添加の圧搾植物オイルがベース。
オリーブオイル、ココナッツオイル、パームオイル。
白はシリカサンド。青はウルトラマリン。
魚座の香りにはフランキンセンスとローズウッドの精油をチョイス。

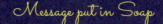

Yoshimi

どんどん依存抜き。重いままの全感情を集合無意識へ返す！

分かっていても頑張りすぎる自分の生き方。

肉体を感情を置き去りに、意識が先走りする。

小さい頃から、人の感情を察し、そこに癒しを与えるのが得意だった。だって、それが欲しかったモノだから。自分が引き寄せている全ては自分の中にアルもの。映し出して生きていく。鏡の法則だ。

ヒーラーは自己の中に癒されたい感情があるからこそ、その必要性を感じプロになっていくものだ。でもね。それを自分に与えないまま、他者に施したのなら、いつしか崩壊が起きる。

クライアントさんに感謝されればされるほど、自分の中の不足感が顔を出す。


自ら計画を立て、発信をして、仕事を生み出す。動き続ける。そこにエネルギーを注いだからこそ、東京・名古屋・大阪・静岡・長野……活動範囲は広がっていた。仕事に関しては100%の自分を出し切ることで全く後悔のない毎日を積み重ねていた。100%出し切る仕事の後には疲労感が襲う。それでも手相観以外の仕事も公私ともに数多く抱えているので（両親の仕事の事務・経理、元夫から引き継いだ仕事、町内の活動……などなど）一人の仕事の許容量は確実に超えている活動量だった。もちろん、思春期の娘二人との家庭生活の維持には休む間はない。家事は当たり前だけど毎日だ。数日家を空けて出張から帰ってくると、片付いていない部屋、溜まった洗濯物を見るたびに絶望することも多かった。

疲労MAX！

元旦那が病気になり、離婚をし、全く休む間もなく走り続けて数カ月。

仕事と日常生活の狭間で、インドネシアに住む元夫との会話や、プライベートで一緒に時を過ごしていた人間関係の中で、積み重なった些細なやりとりが、自分の忍耐袋に風穴を開けた。疲労しきった自分に空いた穴からは、責任感や自己犠牲に押しつぶされた感情のキャパをオーバーした叫びが、悲鳴とともに噴き出した。

「疲れた！　辛い！　さびしい！　めんどくせー!!」

……良美崩壊。

「なんでアタシこんなに頑張らなきゃいけないのー！　誰か守ってー！　誰か助けてー！　誰か抱きしめてー！」

ひとり、泣き崩れて叫ぶ。

インナーチャイルドが作ったドラマの中では、他者に期待すれば失望しかない。

でも、〈自分が作ったドラマなんだから……〉、なんていう物分かりのいい人を演じて我慢のフタをしてしまえば、感情とは繋がれない。

自分が弱音を吐いて、泣いて、もうイヤだ‼　って、感情の根っこの根っこにアル、うんざりして悲しんで怒っている声を全部許す。

根っこに抱えた深くて濃いドロッドロの感情の波動を全身で感じる。

泣いて震えて身体が起き上がれないほどに疲れさせる波動だ。

そして懇願する。ここから救い出して‼　と。もちろん、懇願する相手は……宇宙だ。

まだ叫べるんだ。こんなに深いんだ。……徹底して壊れないと真髄に触れられないことを知った。

あぁ。冷徹な依存抜き。宇宙め。


振り返ると、ここまで泣いて叫んで怒って恨んで震えることなんて、小さい頃を振り返っても一度もなかったかもしれない。

親が離婚しても、破産しても、火事になっても、山に捨てられても、転校しても、小さい頃のアタシはいつも、歯を食いしばって我慢する、強い強い女の子だった。良美は頼りがいあるねぇ、なんて言われていたことが求められていることだと、自分の必要性なんだと思い込んでいた小さいアタシ。

そんな小さいアタシの背後に、頼りがいのある存在を感じたことは、なかった。

ずっと恐怖を感じていたのだ。誰が守ってくれるんだろう？

「大丈夫だよ。いつでもそばにいるからね」その言葉をずっと待っていたのに、聞いたことはなかった。前に進むしかなかった。立ち止まったら面倒くさがられる。足手まといに思われる。暗い夜に大人の背中に必死についていく映像。振り返ったら怖いものが追いかけてくる。そんなイメージは人生の中で何度もあって、夢の中でもたびたびうなされた。

「守ってくれる人なんか誰もいないんじゃないか？」そこを見てしまったら絶望の淵に落ちてしまうんじゃないか？　という恐れに蓋をした。強く強くタフな女になっていく方法しか知らなかった。

その無意識下、潜在意識に抱えたままの恐怖の振動は、集合無意識に落ちて、今までどんだけのドラマを再現させてきたんだろう。

期待しては、がっかりする。

お金がなくなって震える恐怖。愛を奪われて失う恐怖。ドラマのエンディングは、その恐怖の振動に包まれておびえるコトばかりだった。

「そのままの自分でいい」

そう、セッションでも言い続けてきた私だが、

「そのままの良美でいい」

と言ってほしかったかつてのちっちゃい良美ちゃんが満たされて安心するまで、

「このままじゃいけない」

というドラマから自分自身は抜けられないコトを知った。

いわゆる、癖。

守ってほしい、というカタチは、

「そのままの良美でいいよ。その良美を全力で守るし応援するよ」

そんな言葉をずっと、お父さんという大きな存在に求めていたのだと思う。

離婚からの再生と思って走り続けてきた。

だけど、その根っこに抱えた感情を根こそぎ外に出さないと、本当の新たな再生なんてできやしない。

かつて自分が期待してきた対象に対する、失望から生まれた感情を全て許す。

かつて自分を我慢させて相手を許してきた時に生まれた本当の感情を全部許す。

もう我慢の、抑圧の連鎖をやめるのだ。

病気になって母国に帰った元夫への失望感。この期に及んでお金を送ってくれときた。「無理だよ。こっちも精一杯やってるんだよ？」と返した私に「知らねーよ。こっちはこっちで大変なんだよ！」と吐き捨てられた。怒りと悲しみが深いところから湧き上がってくる。「アタシは子供二人を育ててるのに、自分一人の生活もできないの？　なんで病気になって倒れて帰ってるんだよ。稼いでみろよ、守ってくれよ、男なら」全ての感情を元夫の集合無意識へ返した。

元夫と私の生活に入り込んできて、溜息をつく私に「僕がそばにいるから」なんて言葉をかけてきた男。実際は夢ばかり語って仕事もプライベートも何一つうまくいってなかった男。事あるごとに相談や悩みを投げかけてきたその男に、相当な時間を割いて向き合ってきたつもりだったが、その男の他力本願な生き方は変わることなく、素直になれないまま理屈ばかりで最後には「良美さんの話を聞いてきたけどさ、俺、何も変わってないよ？」仕事がうまくいかない理由を人のせいにしてきた。

「……は？　どんだけあんたのウジウジした話に付き合ってきたと思ってるんだよ。誰かに救ってもらおうとしてる依存男が。何も覚悟ができないで、他人の地位と金で稼ごうとしてるからだろ？　根性なしの最低男。ビッグマウスめ」全ての感情をこの男の集合無意識へ返した。

私のセッションをきっかけにプライベートで会うことになった際、美しくエスコートしてくれた男性。彼は感情解放やセクシャリティの解放についての活動をしていたし、私にもそれを伝えてくれた。流れるように結果的に身体の関係になったが、その後の感情を私がさらけた時に逃げていなくなった。「自分をさらける覚悟がないなら、最初っからそんな活動すんな！アタシに入ってくんな！　感情解放ってそんな簡単なもんじゃないんだよ。本音を語る覚悟もできてないヤツがフリーセックス語るな！　その活動は、きっとグズグズドロドロの人間ドラマしか生まねーよ！　このエロ男！」全ての感情をエロ男の集合無意識へ返した。

依存の波動を持ったアタシが作り出した、全ては失望になるというドラマを作り出してくれた全ての相手役にアタシの本音を全部戻す。全ては、お父さんお母さんから始まった、一人で生きられない頃に埋めてもらえなかった安心・安定を他者に期待して投影したドラマの再現だ。それに心底うんざりするのだ。

様々な根っこの感情に触れたら、さらに深い根っこが出てくる。愛情とお金というエネルギーを失う、もらえない恐怖の振動が生まれたきっかけは自分の家庭環境からだ。改めて両親に対する哀しみと怒りが出てきた。幼少期のアタシがしっかりと抱え込んで出さずに頑張ってきた孤独と不安に寄り添って、言いたかったコトバを宇宙を通して両親に伝える。「両親だって、いろいろあるんだし、ここまで育ててくれたんだから……。」そんな表面的な感謝と尊敬を持つと、自分の本音が見えなくなる。実際はちっちゃなアタシはずっとずっと「助けて――！」と叫んでいたのだから。

仕事終わりに疲れて帰ってきた際、乱れたままの部屋を掃除もせず、協力してほしい、という私の思いを無視して好き勝手やっている我が家の娘たちにも、思うままの感情を宇宙を通して娘たちに返した。今までは、「こんな不安定な家庭に生まれ育った子供たち。きっと我慢して頑張っているのだから……」そうやってお母さんの立場で理解しようとしてきた自分だった。

自分軸で日常を見たら、私自身も我慢して生活のために頑張る日々の思いを理解することなく「お腹すいたー！」「後で片付けるからー！」そんな言葉を聞いて、ムカつくこの本音は否めない。ふと自分の中から「一人だったら、ほんとに楽なのに……」そんな本音が湧いてくる瞬間がある。抱えてたら重いままのこの感情を宇宙箱に返すのだ。

深いところから湧いてくるエネルギーを止めることなく全身で感じる。そうだ。そうだ。娘フタリも、小さい頃は全身で怒り全身で泣いた。そして疲れ果ててはよく寝ていた。そんなことを思い出しながら、アタシも叫んで泣いて、疲れ果てて寝た。


起きた時には、まるきり意識が変わっていた。

感じたことのない軽さだった。

誰にも期待しない。ただココに今に存在する。

期待するのは自分自身。

軽い。なんて軽いんだろう！

この身体の中に、重い波動がずっと存在していたからこそ、なくなったのを感じられた。

その後は、両親には純粋に産んでくれてありがとう！ というキモチがコンコンと自分の中から湧いてきたし、子供たちが、この不安定な家族の中、文句も言わずに共に乗り切ってくれていることに尊敬と愛しさが溢れ出てきた。元夫には、やはりアタシの夫にはこの人しかいなかったな、と深い気づきと変わることのない愛情が湧き出てきた。

刷新された日常は、我慢していた感情がアルことを知るために繰り返されてきたドラマとは無縁な日々だった。自分の意識がそのドラマを作ろうとしなくなったのだ。誰にも期待をしないで、その瞬間を楽しみきる毎日。何も抱えていない、本来のアタシ。

新しい出会いも始まる。その人たちとは、今までと同じ失望を味わわせることのない、軽やかで不安のない気持ちの良い関係性を作り始める。その瞬間瞬間をしっかりと向き合うだけ。周波数が変わった。チャンネルを合わせた通りにそのままを引き寄せただけだ。

そして、重い波動で抑え込まれていた魂はむくむくと身体の芯の真ん中に浮上してきて鎮座した。自分の中に共にいた。

今までの自分バイバイ。はじめまして新しいアタシ。
自分が生まれた月の魚座の新月石鹸のキーワードは、
「自分の全部を許す。我慢は許しじゃない!!」～おわりのはじまり。～
春を迎える前に我慢して抱えた感情を宇宙にポイ☆
そこで出てきたなりたい自分。それを宇宙にオーダー。
みんな繋がってる。軽くなったアタシは新しいステージに行くのだ。

Session-review
2

2016年
3月2日

創造は、遊ぶ・喜ぶ・解放する感情の動きから生まれる

Sakiko

（またセッションの録音を聞き直している。なんでも繰り返し学習の私はこうやって身につけていく。いろんなことを習得してきた。必死でやってきた。「これ」って決めた物事への執着やこだわりは強い。でも一方で自分から創造したい、生み出したいという想いはいつもあった……でも一歩を踏み出すのが怖い、叩かれ批判されるのはやっぱり怖い）

Yoshimi

自分の価値をあえて落とすのが癖。自分を抑えることがパターン化されている。それぞれの人の魂の癖は違うけど、いずれ、自分の魂のままにエネルギーを流せない。ガマンしたり、言い訳を作ることでその状態にいるのを許す。

Sakiko

自分の中から何かを創造したい気持ちはとてもあるのですが、それをやってどうするんだろう、ってついつい止めてしまいます。

Yoshimi

社会は、人のためになる人間になりなさい。他人の気持ちを考えなさい、って教えてきたもの

ね。
誰かのため、社会的に役に立たなきゃいけない。そうでなければ、価値がない、自分だけのためになることなんかやってはいけない、って刷り込まれてきてる。特に咲子さんは、子供のような無邪気な魂だから、大人＝社会や仕事って脅威に感じる性質なのね。子供＝遊んでなんぼの世界の住人だから。責任や義務は大嫌い。で、自分を抑圧してくれる環境をしっかり選んで生まれてきて、しっかり自己価値を下げるキャンペーンをプログラムしてきたから、口癖は「子供じみた自分はダメだ。もっと大人にならないと。たくさん学んで資格をとって、社会に認められる自分にならないと」ってコトバでしょ。

Sakiko
はい。まさしく、そう思い込んで頑張ってきました。

Yoshimi
創造は感情の動きから生まれるのだから、遊ぶ、喜ぶ、解放する、という生き方をしないと生まれないよ。

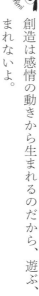

Sakiko
そうなんですね。勉強する、努力する、コツコツまじめにやるはいいんですが、波動があまり上がらないことに気づきだしたというか……。

Yoshimi
咲子さんのような無邪気な魂さんは、楽しい、笑う、喜ぶ状態で発する波動が高いから、楽しんでいればいいの。自分が喜ぶコトをしていればいいの。そしてそのままの自分で存在するだけで価値があるの。その波動に触れた人たちが「なんて幸せそうなんだ。そうやって素直に生きてるのっていいよね」って気づく。それだけで存在してる価値がある。

Sakiko
そのままでいいんですか？

Yoshimi
そのままで存在して、やれることをやる。咲子さんの魂にとって、社会は咲子さんをジャッジするものではない、って思っておいて。社会とは自分の流したエネルギーの価値を知る鏡、自分が流したエネルギーにいくらお金を払ってくれたか、どんな反応をしてくれるのか、鏡として使う。それだけ。それが私のセッションでいう仕事、ね。

Sakiko
楽しみながら仕事をする……。

Yoshimi
自分のために楽しむ。そして得意なコト、学んだことを楽しみながら発信する。自分のカタチを知るためにあるのが、一歩出た世界＝社会。そこをうまく利用すればいい。結果に納得いかなければ、しっかり悔しがって、さらに自分に集中して自分にエネルギー注いで、向上していけばいい。そして抑圧されずにエネルギーを流せる場所でしっかり自分の中の創造を発信する。それが、社会のために生きてしまうと、自分のエネルギーを社会のために注いでしまう。自分が分からなくなる。それは労働。社会って場所をどう見るか？　ここがバランスなんだよ。依存と自立の。

発想の転換です。社会を自分のエネルギーを発する場として利用するのって。自分が発したものが批判されるのが怖くて、なんか言われないように、気に入られなくてもいいから問題を起こさないようにいつも及び腰でいましたから。

それは、他人の評価に期待するからだよね。だから他人の表情言動で、自分自身を変える。これが他人軸。そしてその生き方をしている限り、恐怖は消えない。

そうは言いながらも翻訳したり、執筆したり、講座を開いたりもしてきましたがやっぱり批判は怖い。足りなさを指摘されることを恐れて。

指摘されることから逃げるドラマを繰り返す。

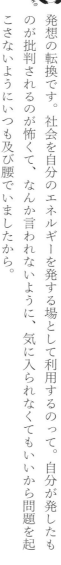

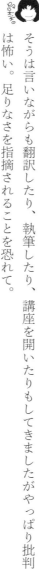

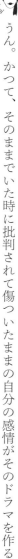

指摘されないように頑張る、みたいな。

うん。かつて、そのままでいた時に批判されて傷ついたままの自分の感情がそのドラマを作るんだよね。だから、しっかり、その当時の咲子さんに戻って、悔しがって、怒って、悲しんであげないと、その逃げるドラマは咲子さんの中から消えない。

そうですね。ずっと同じドラマの中にいますもんね。

自分のミッションには、魂が心地よいところに連れていってあげる、というのがあるの。自分がのびのびできて楽しい場を選んで、そこで表現する、これがミッション。あと、WANT！を言ったらいけない、という刷り込みがあるのね。WANT！で生きる。自分のために。もう十分全部持っているということを信頼すること。かつては誰かに不足を指摘されて悲しんだ。だから今も自分の中の不足を探して、外から自分の中の不足を埋めようとしてしまう。でも、今の自分が今日までの100%。すでに全部ある。そう思えることが自分を認め愛する状態。

自分が自分にダメ出しをしているのは、かつてのダメ出しされた時の感情があるからなんですね。

そう。その感情をただ味わって本当の感情に気づいてあげる。そして、不足があるのかも？という自己不信という恐怖がなくなったら、そのままの自分でいい、って思える。自己信頼。そしてそのままの自分を表現して流して循環させる。自分に期待をして自分を生きる。

本当に逆をやっていました。やりたくない連続講座を引き受けて、一生懸命趣旨に合うように考えて、調べて。そしてなんか言われないか、潰されないかびくびく。ちょっとした言葉の使い方でも非難されることもある。そういう場に吸い寄せられるように行ってましたね。周りとうまくやれるように何を言われても許しているフリしてきたし。本当は全然納得してない！私は全然嬉しくもない。相手の満足のために自分を貶《おとし》めていたし、労力も無駄にしてきた。

ね。いろいろと気づくでしょ。自分の中の感情が溢れてくるでしょ。抑えることなく自分のその感情を許すと、身体の中からエネルギーが湧いてくる。その感情を味わわせた相手に、しっかりと宇宙箱を通して戻す。自分の中で抱え続けない。流す。そうすると、しっかり自分の中のパワーが湧いてくるんだよ。感じるでしょ。

今までは本当に、思っちゃいけない、怒っちゃいけない、でしたもんね。そうやって自分のエネルギーを封じ込めて、いつも疲れてました。当たり前ですよね、自分のために使わないと。

魂が持つ、足枷を作る癖、でもあるよ。社会に出ることを自分で止めてしまう。そのために、循環させることが難しい人を引き寄せる。自分を捧げないと愛してくれないと思い込む人もそう。与えないと愛されないと思ってしまう。

あー。それもありますよね。

咲子さんは生み出すのがテーマ。気づきからクリエイトしていく。

自分から……ですね。

そう。いよいよ自分だね。解放された魂を宇宙は見たい。それと咲子さん、愛を伝えていく人になるよ。そうなることを宇宙は応援している。

（愛を伝えていく?……どういうことだろう）

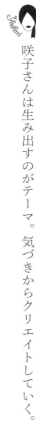

Sakiko

愛って徹底的に解放された自分の魂を見せること⁉

この頃から、「いよいよ自分」の引き寄せが始まる。セッションは常に忙しくなる。社会に出て稼いで、自分の力を見ていくというテーマのクライアントさんがセッションに来てくださる。引き寄せという言葉を今や体感している。抑えていたエネルギーをもうこれからは、自分が社会に出ていくために使う、という解放のメッセージを伝え、神経系がどのように抑制のパターンと関係しているかを一緒に心拍の変動を測りながら、見ていく。セッションのカタチは、誰かから習うわけでもない自分オリジナル。そこには欠乏感も、不全感もない世界。プロフェッショナルとは、魂から言霊を発する人、プロトコルを知りながらカスタマイズできる人、瞬間瞬間の目的を明確にしようと努める人だと思った。これをやっていけば、「私は決して二度と飢えない」(『風と共に去りぬ』より)なんだな、と感じた。

オリジナルを試行錯誤してしばらく経つと、協会がやっている心理療法の研修会が東京で始まった。またボランティアで1週間研修補助をやる。俳優養成所からもらった芝居のチケットのことが気になる。研修のため、お芝居を見に行きたかったのに行けなくてテンション下がる。とにかく忙しかったので、長丁場のトレーニング中に体調を崩す。

数日後に福岡での同じ研修会の補助に向けて準備をしていたら、私が体調を崩したのを知った幹部の一人から「インフルエンザじゃない診断書を明日までに提出しなければ参加はお断りする」という旨のメールが届く。インフルエンザではないことは医療機関で分かっていてすでに伝えてあったにもかかわらず診断書を取れってどういうことだろう。第一、インフルエンザ陰性の診断書なんて出ない！　こうやってちゃんと宇宙がストップをかけてくれるんだな、と思い不参加の決断をした。少しホッとした次の瞬間、怒りが湧いてきた。そして腰が砕けるような感覚。そう、ぎっくり腰になってしまった。ひどい痛みのなか、怒りは沸点に達した。こんな扱いばっかりだった。どうせボランティアで無給だ！　ここまで我慢してやってきた。一番経験があるのに、無給のポジションに甘んじさせられてきたのだ。もう、ふざけんな!!

日頃私はクライアントさんとのセッションが中心の生活、この研修とはあまり関係ない。今は、自分の講座ですごく忙しい。全く生活には困っていない。むしろネイリストさんと「今度は逆フレンチですかね」、みたいな豊かな暮らしをしている。

この茶番はトレーニング中とその前後ぐらいなのだから、ボランティアでもうこれ以上付き合う気にはなれない。

2015年までの私、ちょーっと、待ったぁーーー!!!

排除劇や幼稚なレベルの茶番に抵抗してこなかった自分だったが、今、私の魂は叫んでいた。

宇宙箱をイメージして、抱えたままだった怒りや悔しさをドラマの相手である権威者たちに返す。

スマホ？——そうだよ、教習所じゃないんだから。1週間も自分の職場を離れれば仕事も溜まる。緊急事態もあるよ。これはボランティアでやっているの、奇特な私は。

遅刻？——朝セッションをしていて、少し長引いてしまったときかな。でも遅刻はしていない。私はアクシデントの際しか遅刻しない！

花？——枯れるよ、夏場なら特に、普通は。これだけの経験ある私を生き物係に使っておいて、なんだよその言い草は！　生き物係に生き物が死んだり枯れたりしたことの責任なんて普通ねーよ。

退屈そう？——疲れていたんじゃないかな、なんせ監視されているから。

デモンストレーションで寝ていた？——それは本当かも。寝させないくらいのデモしてみたら。

私がいるせいで具合が悪い？——知らないよ、体調管理頑張れ！

あなたがいるとやりづらい？——単なるボランティアの私にそんなこと言われても。

悪口を言われて批判されている？——大丈夫？　妄想ですか！　病態重いよ、面倒見きれない。

私のいないところで外国人の講師が、スタッフ全員に私の悪口を言っていたとあとから聞いた。

言いたいなら言えばいい。好きなだけ言えよ、くそばばあ！　新しく企画している研修を邪魔しようと姑息に裏で画策していることは知っている。

福岡には参加しないという意図を即行で伝えた。

もうメールが来ないように迷惑メール設定にさせてもらった。魂が喜んでいる。おめでとう！

これまで自分を我慢させてきて本当に自分に申し訳ない気がした。

それでも航空券をとってあったので、福岡に遊びに行く。おいしい食事、お酒、美術館、温泉、垢すり、ネイル、マッサージ、美容院、お買い物。昼間からワインリストのワインを選び、大好きなイタリアンを食べる。自分にエネルギーを向けるって素晴らしい！　これまで我慢した時間は何だったんだろう。時間を返せ、ばかやろう！　抑圧されて、監視されて、遠慮して出し惜しみしてた。謙虚だ、なんて褒められて喜んでいた自分。

冗談じゃない！　うっとうしい。

もう他人のために使わない、自分のために全部使う。全感情を許す。抑えることが強さだと思っていた。大人だと思っていた。そんなことじゃない、ムカつく、ふざけんな。

不思議なことに、今度は抑圧・圧制への対処法をセッションで伝える引き寄せがたくさん起こりびっくりした。解放を語り、伝授し、循環させていく楽しみを知った私。抑圧に苦しんだら、もうひたすら自分にエネルギーを向けるだけ。それが答えだ！

愛とは、困っている人を助ける、救うなんてことじゃなく、自分を許し、自分を愛し、徹底的に解放された魂を見せていくことだと実感した。

愛についてはだんだんこの後も気づきが深まっていく…………。

話は戻るが、丁稚奉公をやめて遊んでリフレッシュした翌日、東京で新しいエネルギーの技法を習うクラスに参加。頭部のポイントにタッチすることで宇宙からのエネルギーを取り入れやすくするという技法だ。単純に楽しい！　こんな気楽な技法のクラスを受けたことがなかった。神経科学がやっと追いついてきて、研究の結果、シータ波*からデルタ波まで出るらしいことが分かっている。

*シータ波：深い瞑想やまどろみ状態。マインドフルネスの状態とも呼ばれる。

しばらくして気づきのスピード、質が良くなっていることに気づく。努力少なく高次の宇宙を信頼し気づきが来ることにオープンになれる。こうなってくるとさらに自分に期待しだす。それも目的、目標ではなく瞬間の気づきに面白さを感じてワクワクしだす。動くタイミングもばっちりになってくる。今までの辛かったことも伏線だったんだ！　魂のカタチを知って抑圧から解放されるためだったんだ！　なんて瞬間も訪れた。

よく圧倒されるような逆境体験を世間ではトラウマと言っているが、トラウマって、高い神経の興奮と恐怖が結びついて動けなくなる状態のことをいう。自分の中のその動けなくなっている部分によって、自分にも他人にものびのび喜ぶこと、楽しむことを抑圧してしまう。私が協会との関係で長年抑圧の状態を許してきてしまった抑圧は重い波動。トラウマって出来事云々《うんぬん》ではなくて、重い波動でワクワクを少なく生きていってしまうことなんだと実感した。重い波動とは、相手や他者のそれぞれの都合・事情・そして魂の癖。それらに左右されることなく自分に集中し、全感情を許して、高い波動に触れていくことが自分を愛することでもあるのだ。

Session-review
3

2016年
3月31日

自己価値は低く意識は外へ……
これが支配と依存の洗脳カラクリ

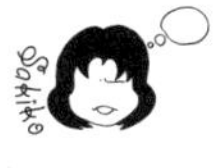

（これまでとは違う生き方へのシフト。自分で自分を愛して認めていく。自分に正直になってどんな感情も、自分の全てを許す。もうすぐセッションだ。復習して臨もう。次回は2回予約してある。自分でも手を観られるようになりたい。先生に教えてもらうことはできるのだろうか。セッションの録音を聞き直す）

何かをして、人のためになって、初めて自分は受け取っていい。愛されていい。お金をもらっていい。ご飯を食べていい。そうやって、自己価値を下げた結果、自分は頑張らないと受け取れない、という、受け取りベタな状態になってる。ほんとは、このままで受け取っていい！って思えたら、このままの自分に欲しいモノを与えてくれる人とのドラマが作れるものなんだよ。

そうなんですね。

本当はどんなカタチが幸せなのか、自分はすでに分かっている。でも、意識はいつも自分の中ではなく、外に向けられてきた。なんで、この人はこんな表情なんだろう？　なんでこの人はこんな返事をしたのだろう？　なんで認めてくれないのだろう？　ってね。そして、相手が満足して、安心して、喜んで、初めて自分は価値がある、と思っているから、とにかく相手に与えるドラマを持ち続ける。意識は相手の気持ち、相手の状態ばかり。自分の気持ちに気づかないままね。

自分軸ってね、自分はこれを伝えて、与えて、さらけ出して、相手の状態を見た時に、自分はどう思う？　ってことなの。一生懸命やって差し出した自分のエネルギーを、批判されたり拒絶されたその時に、自分はきっと「ふざけんな！」「なんだその態度は？」とかって、しっかり失望して怒って悲しんでるはず。それが本音。嬉しくも楽しくも幸せでもないことに気づくの。

本当の自分の感情。無視してきて見ないできたけど、本当の自分の感情はしっかりあることに気づくの。

この話、本当に「あたらしい道徳の教科書」とかになればいいのに。どこからも、誰からも、社会のためが先に来て、他人の役に立つことが喜び、みたいに語られていますものね。新鮮です。

自分以外の他者の評価に期待し続ける限り、その根っこには依存があるからね。支配は依存する対象がなければ成立しない。依存しなければ生きていけない幼少期、義務教育期間に作られた支配と依存の関係の中で抱え続けた感情が自分の中から出せない限り、依存抜きはできないから、依存しなくても生きていける大人になっても、みんな、依存を持ち続けて、誰かの愛や能力やお金を期待して生きるカタチを保ち続けてる。自立されたら言うことを聞かない、と困るのは、支配層。だから、その状態をキープさせるために、個人を弱体化させ続けるという社会はたくさんあるよね。自立を恐れるから、お前は弱いんだ！　って刷り込み続けるドラマってたくさん作られてる。たくさんの洗脳を抱えてる。

搾取のエネルギーですね。不足を常に植えつけて、エンパワーしない、いつまでも自立させない、仕事、お金、愛、知識。

旧体制ってこうやって成り立っていたんですね。この支配層の「愛だ、繋がりだ、リスペクトだ」が胡散臭さに侵食されていたからまがいものに感じていたんだな、と。

〔良美コラム〕のび太とジャイアンのドラマより〜
ブレてしまう波動を徹底して手放す具体的手順

例えば、のび太とジャイアンのドラマで説明してみよう。

のび太はある日突然、ジャイアンに自分のものを横取りされる。

のび太は哀しいし、怒りも湧くが、「ここで言い返したらもっといじめられ虐《しいた》げられる」という恐怖が浮かび、我慢して何も言い返せない、というドラマを作る。

毎日学校に行くたびにジャイアンは目の前に現れて、のび太はそのたびに「今日はどんなコトを言われて、どんなイヤな思いをするのだろう？」と恐怖を感じる。支配されるものに従順であることでやり過ごす日々。いつしか、我慢することで事無き過ごすことなども体験して、自分の感情にマヒして気づかない状況にも慣れてくる。

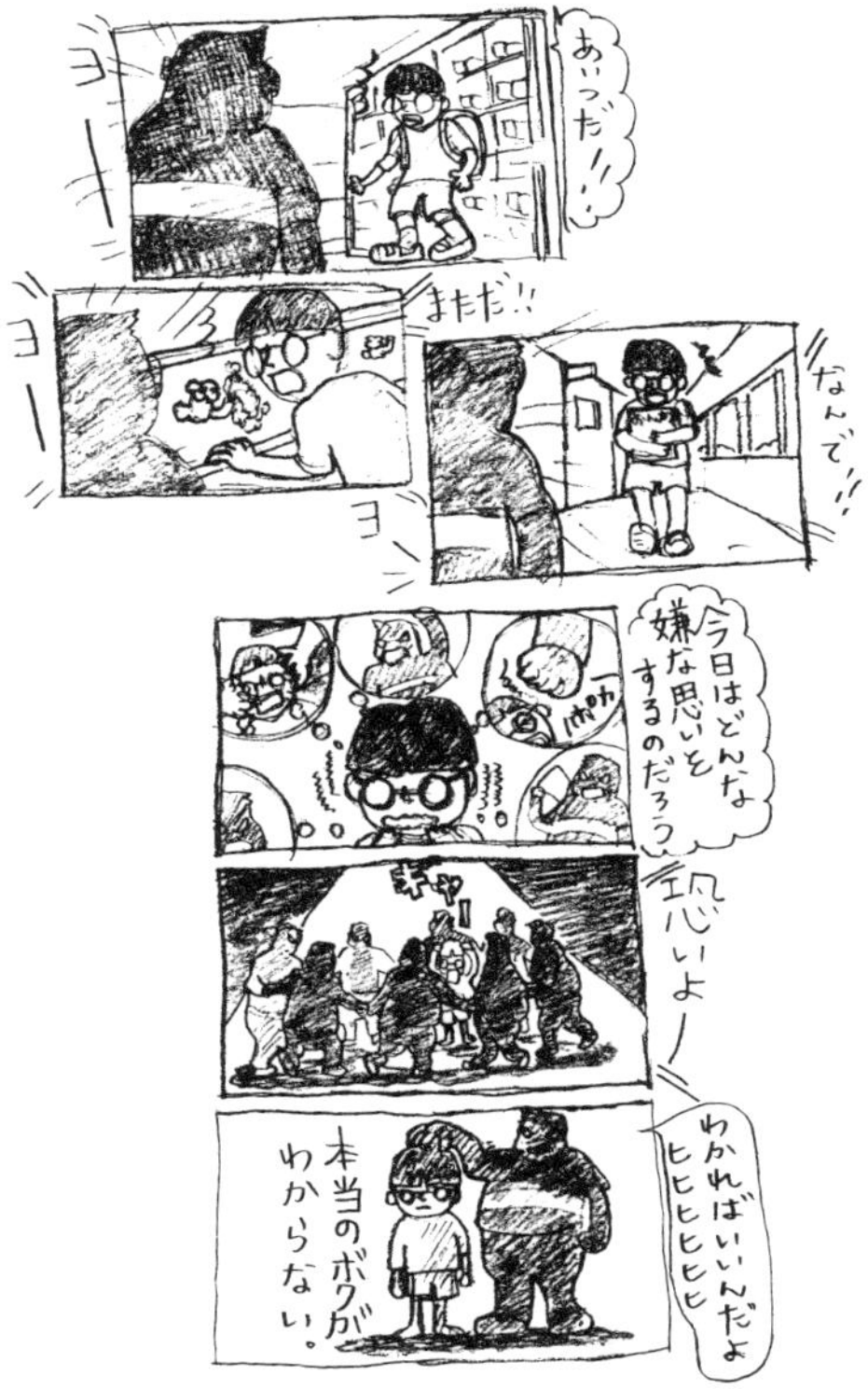

とても大切にしていた宝物をジャイアンに奪われたある日、のび太は、我慢できずに、悲しみも怒りも表出させる。そして怒りを爆発させるが、ジャイアンの強さに、また、感情を出し切らずに、ジャイアンから宝物を奪い返すこともできないまま、悔し涙を流す。

納得いかないのび太は、家に帰ってお母さんの膝枕で大泣きし、「カワイソウネ、のび太」と慰められ、しずかちゃんに「絶対に明日はジャイアンをぶっ飛ばして謝らせる！」と息巻く。

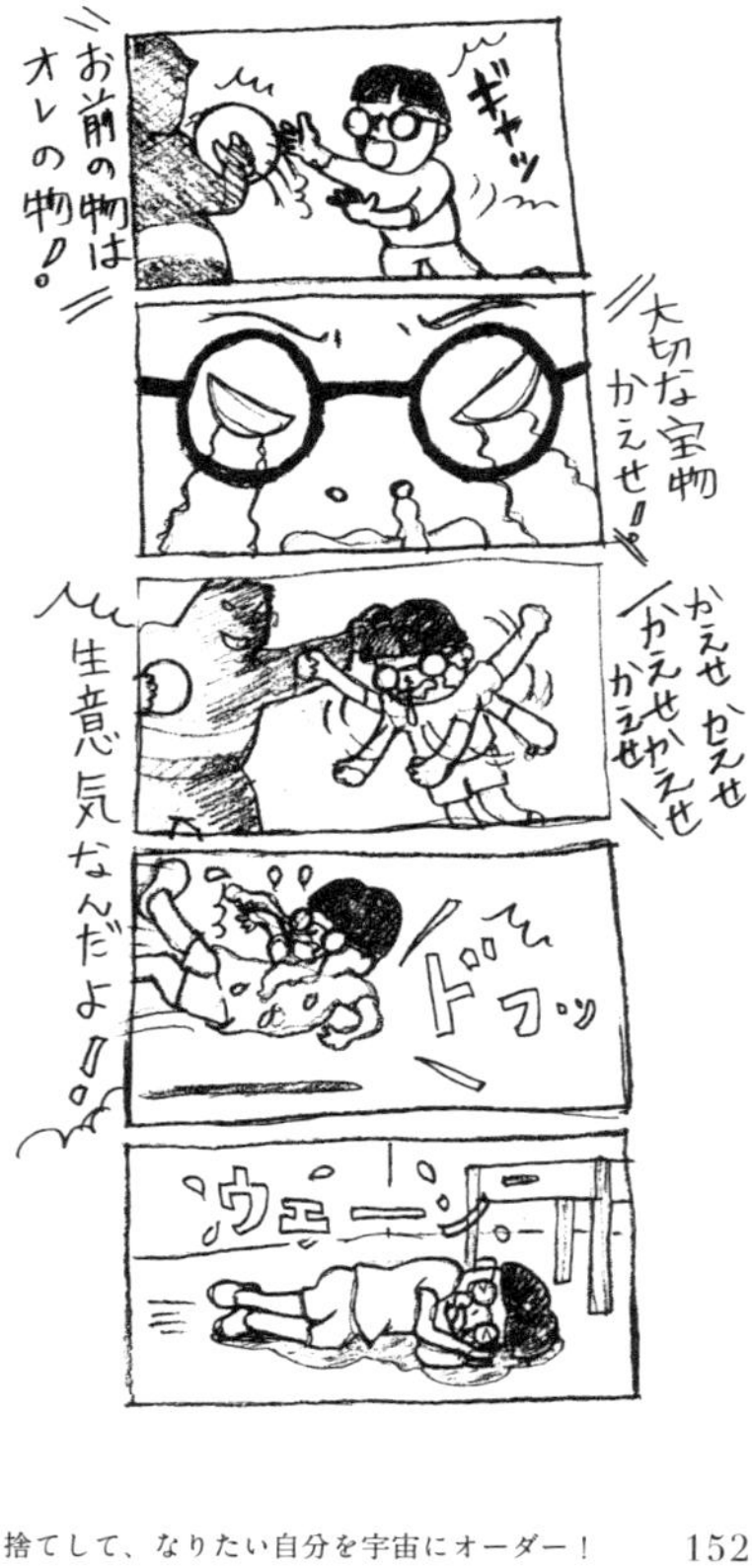

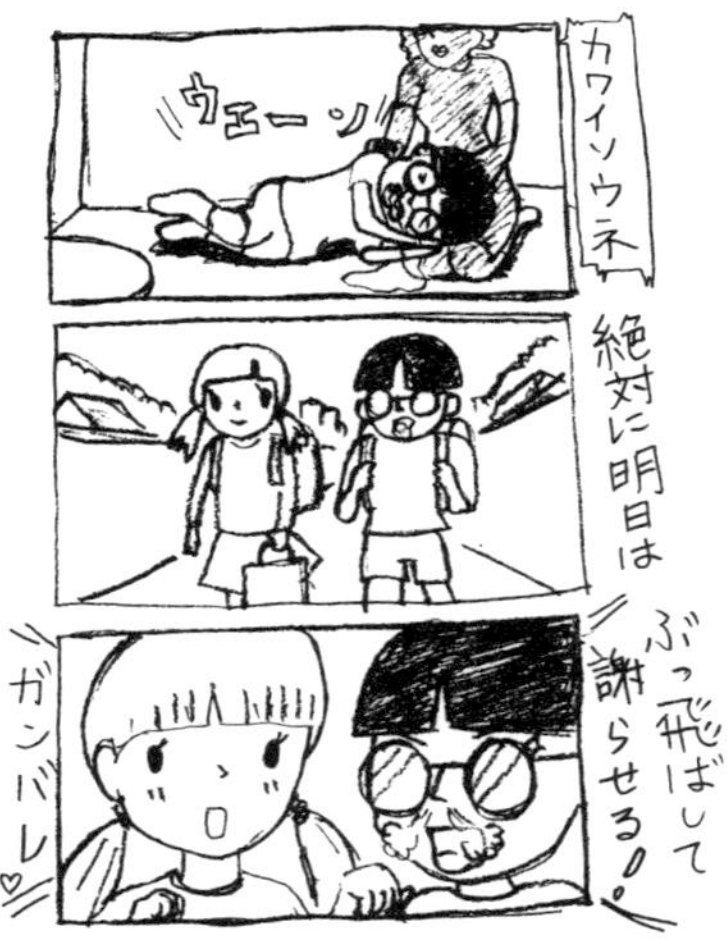

翌日、教室でジャイアンに出会ったのび太は、再びいじめられ奪われる恐怖を思い出し、怖くなり、いつもののび太として、いつものジャイアンにいばられてしまうのび太として存在してしまう。

……このドラマ。

みなさんが言う「感情解放」とは、お母さんに泣きつき、愚痴を言い、しずかちゃんに気持ちを伝え、今度こそ！　と息巻く状態の場合がほとんど。気づき、向き合い、味わい、うんざりするまでの光景。

手放しとは、ジャイアンを前に、恐れるのび太でいなくなるところまで、波動を手放すのだ。

そのためには、どうすべきか？

その方法は、直接ジャイアンに怒り、哀しみ、恨み全てを伝え、殴りかかってでも、ジャイアンを屈服させ、最後に「のび太、今までの全ての出来事、ごめんなさい」と言わせる――。そこまで体験して初めて、翌日から、のび太の中にジャイアンを恐れる波動がなくなった状態で目の前に立ち「ジャイアンおはよう！」と笑顔で声をかけ、安心して過ごすことができるのだ。

感情解放、感情に気づく、まで分かったら、それをその相手に伝えるまでいかないと、自分の中から恐れや怒りや悲しみの波動は手放せない。そこまでして、やっと、同じドラマを繰り返すことはなくなるのだ。

それができないと、小学校を卒業してジャイアンと離れても、新たな中学生活で、高校生活で、社会人になっても……ずっと新たなジャイアンを目の前に作り続ける。のび太で居続ける。ジャイアンから逃げるドラマは続いてしまう……。

魂のままに存在するためには、世界中どこへ行っても、そのままの自分で存在できる、何を周囲から言われてもブレない状態を作ること、なのだ。徹底した〈ブレてしまう波動〉の手放しだ。

そのために提唱しているワークが、宇宙箱に相手への思いを伝える、という方法。

全てはイメージ。

　直接の現実では、何も言わなくていい。直接言った時、そこには、分かってほしいという期待や、謝らせたい、相手を変えたい、というコントロールが入る。それはエゴとなり、ねじれた現実を作ることが多い。

　相手をどうしようというコントロールはいらない。自分のことだけをする。相手に伝えることを自分に許し、自分の中をお掃除する。相手を変えるのではない、自分を変えるだけ。

　それは、言っても無理だ、言ってはいけないと思っていた自分のパターンを変えて、イメージの世界で相手にしっかりと本当の気持ちを言う自分になるだけのことだ。

イメージの世界で伝えたつもりでも、現実の世界で、ジャイアンを恐れる波動が自分の中に残っていれば、また同じ状況を作るから、すぐに気づける。気づいたら、どうしたいか？を、どんどんジャイアンに宇宙箱を通して返していけばいい。いつしか自分の中からかつてののび太でいた波動がなくなるまで。

なくなった時は、ジャイアンが現れ、文句を言われ、いじめられたとしても、そこに反応することがなくなっている。その時点でもはや、のび太とジャイアンのドラマはなくなっている。ジャイアンが、のび太を通して強さを誇示したかったのであれば、もうそこに強さを誇示するドラマは生まれない。ジャイアンは新たなのび太を探しに行く。いつの間にか自分の前からジャイアンが消えるだけだ。

全ては自分が変わるだけ。

ジャイアンを恐れるのび太であり続けることをやめることができるのは、全て自分の選択なのだ。

2016年4月7日
✸牡羊座の新月石鹸

Chapter 5

✸

はじまりのはじまり。

✸

――宇宙に覚悟と宣言！
魂で生きる新しいステージへ

Message put in Soap

{石鹸に込めたメッセージ}

キーワードは「はじまりのはじまり。」
おわりのはじまり。魚座の新月では、
いつしか背負い込んでしまった様々なものを手放した。そして、
いよいよ迎えた春！
〈はじまるよ！　魂で生きる新しいステージ☆〉

天然の素材たち

無添加の圧搾植物オイルがベース。
オリーブオイル、ココナッツオイル、パームオイル。
白は沖縄珊瑚パウダースノー。オレンジはレッドパームオイル。
赤はレッドパプリカ。
牡羊座の香りにはローズマリーの精油をチョイス。

Yoshimi

宇宙からのテスト「どれだけ宇宙に委ねているか？」

咲子さんが1月以来のセッションに来てくれる。

4月、早稲田で設けた2日間のセッションに2日続けて予約をいただいた。

2日目のセッションの最後にもらったプレゼントは直筆サイン入りの彼女の著書、翻訳本だった（2010年に出版）。

咄嗟《とっさ》に聞いた。

「アタシ、本を出したいんだけど」

「いいじゃないですか！」

「一緒に出さない？」

「出しましょう！」

ここから新たなステージが始まった。

1月の年頭に描いた夢。

〈本を出版する〉

4月にはその始まりが手の中にあった。

4回目のセッションで、彼女が国際的に活動しているサイコセラピストだという事を知った。

心を扱う共通の仕事をしているフタリ。でも、歩んできた道も、学んできた道も全く違うと

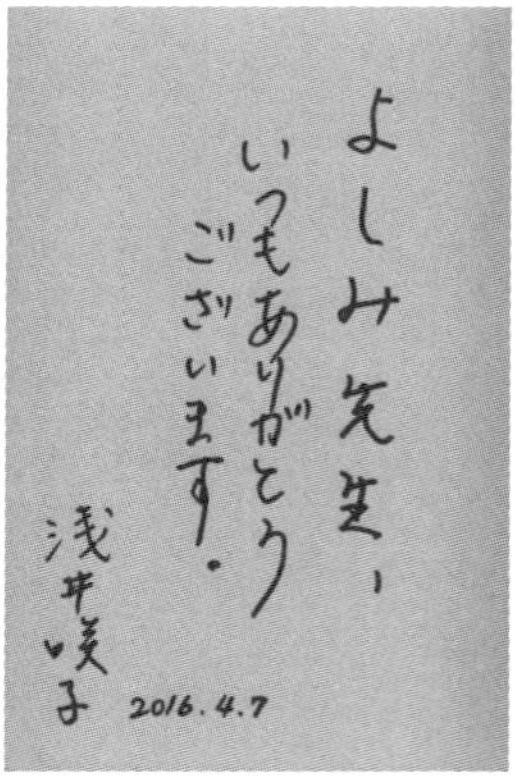

直筆サイン入りの浅井咲子の翻訳書籍『子どものトラウマ・セラピー』（雲母書房）

いうことは感じていた。

エリートと雑草。でも、出会った。なんだか、ものすごい化学反応が起きるようなワクワクがあった。

フタリで出版する。

ゲートが開いた4月。

振り返れば、離婚、という大きな選択をした後に、1回目の咲子さんのセッションがあったのだ。それも宇宙からのギフトだったんだな。

そして先月、自分の魂の癖、〈弱音を吐けずに我慢する〉ということを、泣き叫びながら、手放した。癖を手放すと宇宙からギフトが来るよ！　って言い続けてきたが、おっきな癖を抜いただけ、宇宙はおっきなギフトをくれた。

アタシの人生の流れを変えるために、2016年年頭に描いた思い。

「本を出版する」

その思いが浮かぶたびに、宇宙にオーダーしてきた。

癖を手放し、波動を上げ、準備ができた時にもらったこのギフト。

良美が言い続けてきたのは、「覚悟と宣言を宇宙にして」ということ。

後は、自分を信頼し、全てを宇宙に委ねた時に宇宙は全てを叶えてくれるから！……と。

良美の最大の願い。それを叶えるのであれば、

「良美、お前はどれだけ自分を生きてる？　どれだけ自分をさらけていける？」

そんな宇宙からのテストだった。それをクリアしないとダメなんだよな……そんな感覚があった。

「うん！　大切にしてるよ。誰よりも自分を。誰のためでもなく自分を生きる。やったことない生き方を今、しっかり進んでるよ！」

そう思えたからこその、ギフトだと思う。


まだまだ序章。だけど。

どんどん心の底から湧いてくる。

これからの自分のためのステージへのワクワク。

「始まる！」

そんな思いを込めて牡羊座のタイトルが決まった。

Session 3

2016年4月6日

依存から生まれた本音・感情を宇宙に返せば愛の波動は上昇する

（この日は良美先生にまず手の観方を少し教えていただく、案外あっさりいろんなことを教えてくださったことに感激する。先生これで、商売しているのにいいのかな……と思いつつ新しいことを聞くのは楽しい！　クリスタルや樹木〈115ページ参照〉だけでなく手の甲のキメ〈魂の年齢〉、指の長さ〈自分のエネルギーを送受信するアンテナとそのスピード〉、関節〈思考エネルギーのフィルター〉の観方を教えてもらう。私はインスピレーション、ひらめきが早いらしい。

私のように先生のところに手の観方を教わりに来る養護学校の先生たちや精神科のお医者さんも多い、と良美先生。納得だ。口では語らなくても手は語っている。「何が苦しいって繊細な人たちを社会枠に当てはめること」とみなが口を揃《そろ》えて言うらしい。全くだ。統合失調症とか発達障がいの方々とお会いしているとよく分かる。その人がその人らしく生きる環境、サポートがいかに大事か。良美先生から統合失調症などの精神疾患の方々のコミュニティを作ろうとしている社長さんの話も伺った）

前回は手の甲を読んだから、今日は詳しく手のひらを観ていこうか。一番欲しいものをちゃんと望んで手に入れるということができる人。その能力を発動させるには全感情を許すことが必要だよ。諦めない、根性全力を全て出し切りたい。一番になりたいって、強く思っているのに、それを言うのを抑える傾向がある。優しさで人に譲らないで。あと、自然、植物、子供たちなど言葉にならないものをキャッチする能力を持っている。霊能力ってやつかな。

発動させるって、自分の感情を全力で許すってことなんですね。

潜在意識で出てくるものを全部許すと個性が出てくるの。抑えていると自分が分からなくなる。咲子さんは向けるベクトルが深い。こだわりが強い。執念が強い。ここを正しく使ってね。小さい時から今までの中で批判されたことをちゃんと感じて、しっかり悔しがってその相手に宇宙を通して全部返しちゃってね。執念は執着にもなるから、感情の根っこでは、諦めてないし忘れてないはず。最近よく言われてるような、執着をなくせ、とか、そういうのに惑わされなくていいからね。だって、あるんだもの。その思いの深さが咲子さんのスペック。そこを嫌うと、真逆に諦めやすい自分になっちゃう。執念はやり抜く強さ。決めたら絶対に摑む強さ。そこを止めがちになってるから、横線が感情をたくさん遮断してる。自分の全感情を許すとね、細かい横線が消えてくるよ。

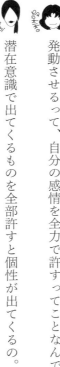

諦めて突出せず大人しくしていれば批判されないし、それで平穏を保とうとしてました。本当に叩く人なんてどこでもいますし。海外に出るとのびのび学んで、あんまり恐れない。

日本でやり抜くのがテーマ。潰されるから言うのやめよう、という思いが、自信のなさになってきている。

自由にのびのび自分の能力を発揮することができないのが不足感として出ている。

叩かれたことへの怒りや感情を全部感じる。どの状況でも、自分の魂でいることが学び。払拭していくのが課題で、究極気にしないところまでいくことだね。全感情は正しいって、まず先に自分を解放させていくこと。突出を恐れると今の評価も愛も受け入れられなくなっちゃう。

それは家族の影響が大きいと思います。

そうだね。ゼロ地点が家族のためにすっごく頑張っているところからスタートしている。それだけ家族への思いが深かった。そのぶん報われなかった思いも深いはず。哀しみも怒りも、まだ、感情の根っこにあるよ。その自分の感情を全部許してあげて。

いろいろと出てきたかつての出来事に対する怒りや、失望を宇宙箱に返せばいいのは分かってるんですけど、酷い言葉を投げかけてしまって大丈夫なんでしょうか？　特に家族のことは大切に思っているし、感謝も尊敬もすごくしています。今までたくさん応援してきてくれたし。

うん。そこを不安に思う人は多い。だけど、アタシはずっと言い続けてきたし、自分でも実践してきたことなのだけど。
〈本当の手放し〉とは、ドラマの相手役を通して味わった〈相手のせいで生まれた感情〉を徹底して全心身で味わうことしかなかったんだよね。頭で理解してるだけでは手放せてないんだ。心も肉体も震わせて、全心身で味わう。湧き上がる本音を全心身で受け止めて感じるままを自分に許す。後は宇宙という集合無意識を通して、ドラマの相手役にしっかりとイメージで返す、という方法。
感情が動く時には、必ずドラマの相手役がいる。その相手に返さないと、抱えた感情に気づき、解放したところで、また自分の中に戻してしまってる。だから変われない。

なるほど。相手役をちゃんと特定して罪悪感や自責を持たなくてよいということをまずは認めて許して、ちゃんと相手に感情をお返しする。

もちろん返すのはイメージの世界で伝えればいい。イメージが全てを作る。だから、宇宙箱にしっかりと感情を詰め込んで、イメージで相手の集合無意識に戻す。

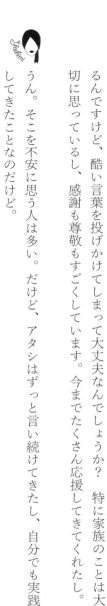

宇宙に委ねるんですもんね。

そう。現実のこの世界で自分が相手をなんとかしようとしているのではない。感じるのは自分の本音だけでいいの。あとはそれを個人で持ち続けることをやめて、その処理を宇宙に委ねる。宇宙はね、それを愛でもってその相手に伝えてくれるから。必要なものはその人への気づきとして。宇宙平和にならないものは何にも作用しないだけ。ただただ宇宙に全てを委ねるの。

自分でなんとかしようとしなくて済むのは楽ですよね。宇宙は万能のフリーエネルギー。

そうだよ。この現実で、怒りや悲しみをどこにも出せずに抱えたままの方が毒だよ。自分の想念で相手を呪えるし、イライラしながら接したり、料理を作る方が、そのエネルギーが循環しちゃっていいことなんかないもんね。親子喧嘩や夫婦喧嘩は絶えない。不満は駄々漏れする。持ってる波動がドラマを作り続けるからね。

でも、自分の本音が何なのか探るのはなんだか怖いですよね。変化していくということですものね。

うん。感じるってキツイよ。全身が痛い。感じて、それを相手にイメージで伝える時に襲う罪悪感、自己否定が喉を胸を苦しめる。だけど、それを全力で阻止して、感情とだけ繋がるの。本物の自分の感情とだけ。そして自分に言うの。

「これでいいのだ」

自分に寄り添いながらね。

出てきた感情を相手に全てを伝えることを自分に許す。

全力で自分が自分を全て許す＝全力で自分を愛する。それをそのまま相手に伝えられるのは、相手への全力の愛だよ。

その当時の自分ができる愛のカタチを全力でぶつけたからこそ、怒りや悲しみとも全力で向き合える。愛がなければできないよ。愛はパワー。愛は強さだ。愛がなければ、全力で怒ることも哀しむこともできない。そんな疲れること、愛してない相手にはできない。

たしかに……そうですね。（結構悪態ついてるけど、愛がなければできないか、うまいこと言うな）

これも、全て実体験から生み出した言葉。つい最近もでっかい怒りや哀しみを泣き叫んで宇宙に返した。だから実感したことだよ。

良美先生も今でも出てくるんですか？

私なんて、日々セッションでこんな話ばかりしてるから、自分の中でできていないことがあればすぐに宇宙がそこを見せつけてくる。やってもやっても、魂の奥深さはまだまだだって見せつけられる。地道に、自分の中で何度も繰り返してきて、どんどん軽くなってるからこそ、確信持って言える方法なだけ。始まりは依存が絡まった重い波動の愛でも、その依存の愛から生まれた感情をどんどん手放せば、いつしか自分の中から湧いてくる愛の波動は高く軽くなっていく。パターンもまるで変わっていく。楽なカタチへと。

自分の全部を味わい尽くす、かー。自分の感情の深淵まで一緒に寄り添って全肯定で感じてあげるんですね。最低だと思ってた、人間失格だと思っていた、自分のせいだと思っていたから抑えて無視してきた自分の本音。愛すべき人に対しての本音も全部宇宙に返す。ガマン袋の中身がカラカラになくなるまでそれはやっていいんですね。

うん。依存を持つことにうんざりする。依存の癖は全身で味わわないと手放せないんだよ。

（今回もまた濃かったぁ。でもなんて愛に溢れているんだろう。愛から言霊を発するのって難しいな、と思いながらあとの仕事に戻った。いろんな手を観るのが楽しくなりそう）

Session
4

2016年
4月7日

魂を解放したぶんだけ癒しや気づきがある。それをどう循環させるか

解放とは、自律／自立。自律／自立とは、自分にベクトルを向けるということ、外のものを入れない！　そうすると「今、ここ」にいることができる。気づきが癒しになる。でも魂の解放と自立を求めた際に必ず重い波動がやってくる。足を引っ張るかのごとくに、まるでテストされているの？　って思ってしまいます。「これやらないと優しくないかな」とか、「人のためにやることはいずれ自分に返ってくるのだから」とか。

「人の役に立つ」とか宗教みたいな考え方や自己犠牲みたいな、変な精神性、それやんなくてよい。

究極「自分になる！」ということなんですね。妥協していない「やぱスキ！」＊ということなんですね。
そういうものを私は、芝居、踊りを通じて本当に知った気がします。本業も生きるし、本当に自分の魂からしゃべっている時って、セラピーに来たお客さんたちがやはり気づくんです。一

緒に開いちゃう。

そうすると問題云々じゃなくて、大きな全体性とか本来性が出現してくれる。癒しってこうやって起きるんだな、波動が一段軽くなって、空気がうるっと潤う感じ。

＊やぱスキ：松本良美のHP「劇団 松本良美」の中にある「やっぱりこれが好き!!」のこと。WANT!を原動力にするということを活動ベースに、自身のHPの中で「やっぱり○○が好き！」という枠を設けている。数名の劇団員それぞれの、好き！ 伝えたい！ を原動力に、商品を紹介したり、イベントを開催したりしている。好き！ には理由がない。好き！ だからやりたい！ 伝えたい！ ということを実践することの大切さを実際にカタチにして実践中。過去には、芝居やものづくりのワークショップ、神社めぐり等を開催。

波動の高い人たちって「隠さないで自分にしゃべっていいよ」って自分に許可している人たちなんだよね。

マツコ・デラックスさんとかですよね。抱えないで、出していくことでさらにオリジナルやひらめきが来る。魂解放をしたぶんだけ、ギフトとしてさらに気づきがある、それを循環させる、もうそれだけだな、と。

最近なんとか協会からの解放の話をよく宇宙にさせられているんだよ。協会、組織という呪縛。抑圧のシステムって重い波動。

組織や協会というものはある程度ビジネスライクに普及させるために必要であり「色を付けずにやる」、これも大事だというのは分かるんですが、ある程度魂が解放されると自然と今まで以上のものが生まれてくる、これって本当に宇宙の摂理、自然の摂理だと思うんです。それを抑え込んだり仕舞い込んだりするって、もう足枷でしかない。潰されている人たくさん見てきましたし、恐怖政治もたくさん見てきました。

権力をいったん持つと支配層って本当に失うのが恐ろしいんだろうね。

結局のびのびとすることへの自他への抑制。支配と依存ってそうやって成り立っているんですね。がっつりでしたもん。

いったんワクワクの波動を知ると、もう重い波動に戻れなくなる。

どんなに左遷されようが、排除されようが宇宙は必ず引っ張ってくれる、だから大丈夫ということも伝えていきたいですね。

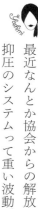

Yoshimi むしろ排除されちゃったほうがいい。癒しのエネルギーは誰のものっていう話。それは宇宙のもので、今はもうフリーエネルギーの時代。

Sakiko はい、排除されました（笑）！　コピーライトでなくて、コピーレフトの時代が来ているんですね。

（セッションの終わり間際）

Yoshimi あれっ、Facebookでつながってなかったっけ？　HPもやってるから覗いてみて。

Sakiko なんていうHPですか？

Yoshimi 劇団 松本良美っていうの。

Sakiko え？　劇団やっているんですか？

Yoshimi ううん。人生って自分の演出でどんどん変えていける。いわば、自分が主役の舞台なんだよ！

っていうことを、HPで発信していこう！　って意味からのこの名前なんだけど。でも、私ね、かつて、自分の劇団を持っていて、脚本・演出をやっていたの。3・11で女優さんとかができなくなっちゃって。だからHPには自己顕示欲満々な名前をつけてみたけど、実際に私の夢はまた自分の劇団を作ることなの。

Sakiko　そうだったんですね。先生に友達リクエストしてもよいですか？

Yoshimi　全然、いいよ。

Sakiko　あとこれ、翻訳本なんですが、もしよろしければ。

Yoshimi　うわわっ！　すごいっ!!

Sakiko　これは2010年に出版した翻訳本なんです。

Yoshimi　私さ、今年の年頭に、「本を出したい！」って、ずっと宇宙にオーダーしていたの。そしたら本出している人が今、目の前にいる!!　出したい本の内容はね、セッションの初めにこうやって話していることをまとめたもの。大勢の人に伝えたくてね。手相がどうこうよりも魂のこと。

魂を生きるための方法について語った本。

絶対売れます！

だよねっ。ねぇ！　一緒に共著しよう!!　今日は新月だよ。願いが叶う新月。もう絶対いい新月だわ。ほら！　天気も晴れてきたよ〜。

絶対いいと思います！　やりましょう！

こうしてコラボの話が勢いよく決まった。
これから俳優養成所も始まる、共著も始まる。「はじまりのはじまり。」が始まった。

Sakiko

支配・依存のドラマからシフトする「解放のフィジオロジー」

自分のクリエーションに「解放のフィジオロジー」という名前でさらけ出していく勇気が湧いて、流す言霊を考え、チャートも作った（図①〜④）。そして神経科学をベースに「魂のカタチ」を生きるための「魂のイゴコチ」について、まずは〈ハンズオン〉の知識を使って深めていくと決意した。おそらくこのモデルに似たものはあるだろうが、自分の切り口で語る。

人間は自分を抑制しないと生き延びられない環境の中で長い間、抑圧をし続けると、自分を押し殺すために生命の力を使い切ってしまうので気分が落ち込んだりエネルギーがなくなるという状態になる。エネルギーの枯渇状態とも言える（①）。脳だけじゃない、思考、筋骨格、内臓、細胞レベルで抑制によって活力が遮断された部分が大きければ大きいほど、全体性はなくなってしまう（119ページ「マイナーフリーズ」を参照）。

枯渇状態から少し回復してくると今度は使える部分が少ないなかで、我々はシステムを妥協して使うようになる。そうするとシステムに負荷がかかり不安定になる。心理的にも不安、心配、欠乏のレンズでものを見て、生き方も自ずと制限してしまうため、自分以外の人やものを安心するために頼らなくてはいけなくなる。もしくは、他を支配することで安心をするようになる。支配と依存のドラマが繰り広げられるのはこの段階だ。自分以外のもの、他人や社会に承認を求めるようになったとき人は役割にはまりだす（②）。

①神経が許容範囲から振り切れている、枯渇状態

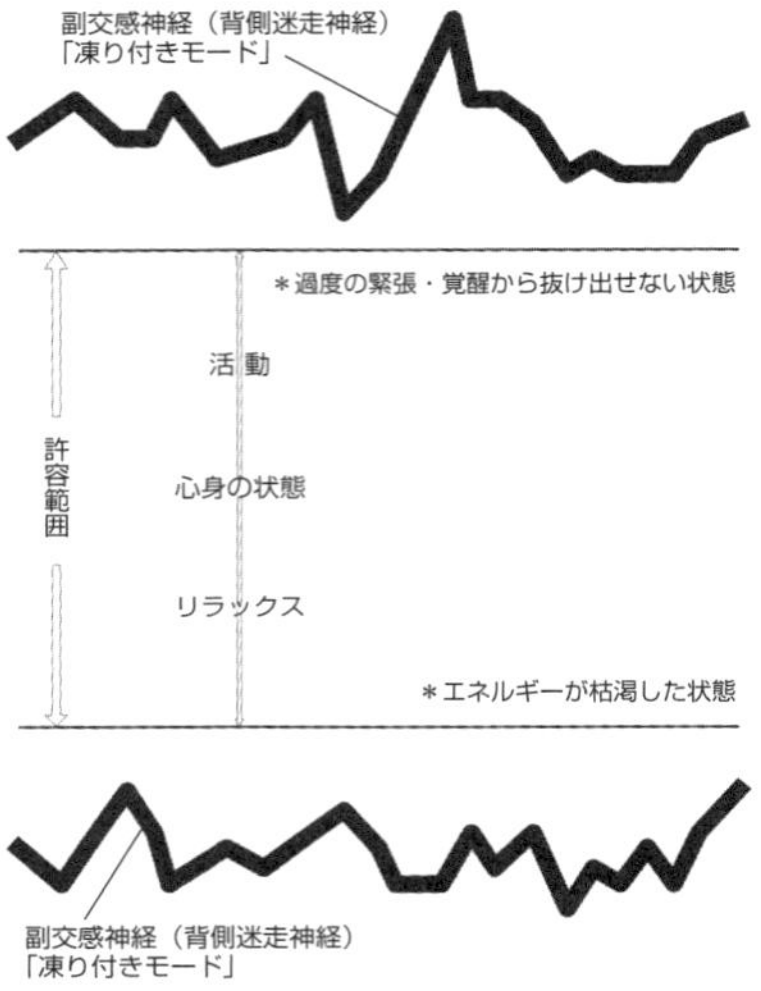

②過覚醒・緊張と虚脱を繰り返している

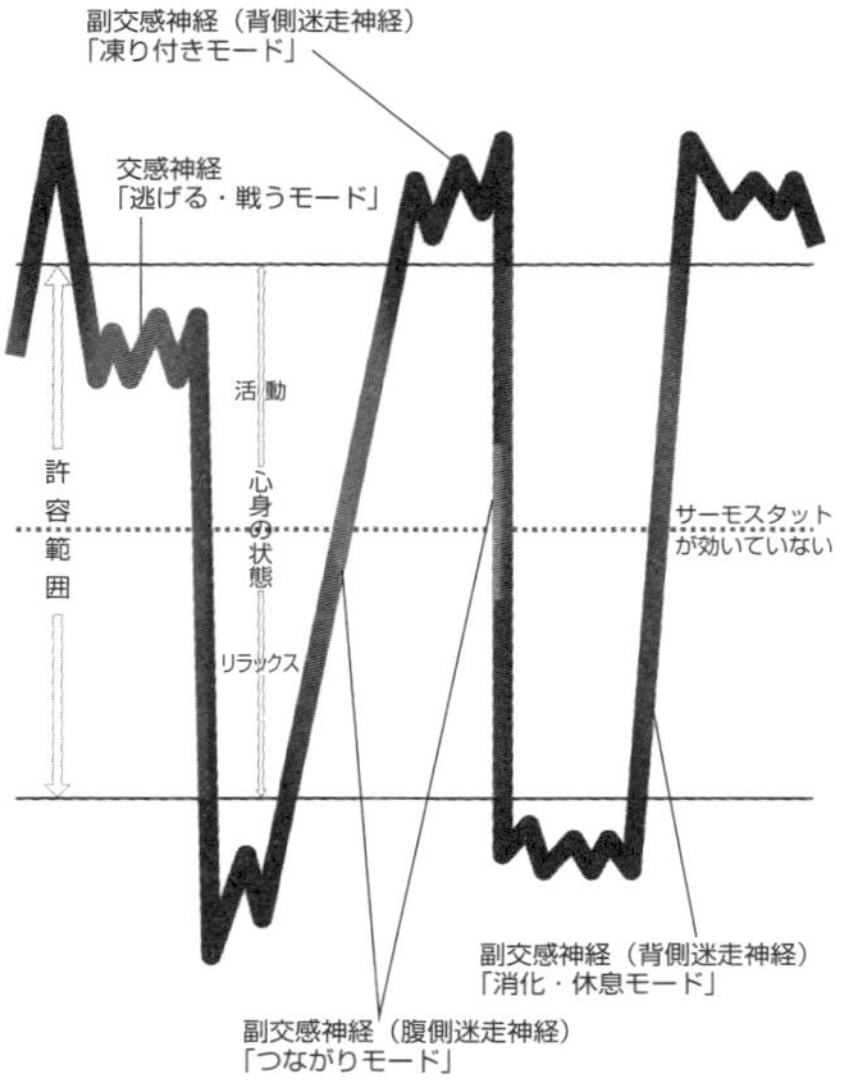

外のものに承認を求める緊張と虚脱のシステム（②）から自分の神経が自分で心地よく落ち着ける状態、つまり神経系が興奮とリラックスをほどよくリズムよく繰り返している状態を会得し始めると、自己調整の段階に入る（③）。

①から④への神経系の安全な移項を商売にしてきた私。プロの仕事だと自負しているが、これをもっと簡単に一般に広められないだろうか。自己調整③が深まれば深まるほど、心身の抑制を解除できて生命のエネルギーが復活する。

そう、「魂のイゴコチ」がよくなる。そして、外側に自分の安心・安全を頼らなくてよい「自分満たし装置」ができる。さらに面白いことにこの自己調整の時間がある程度、日常で確保されると、許容範囲をまるで引き伸ばしたいと言っているがごとく新しいことや、やってみたかったことにチャレンジしだす。

社会の固定観念や常識とは違う、「魂のカタチ」が見えだす。自己価値の高い生き方、誰のためにも生きない生き方。それを１００％出し切って生きる恐れ不安と向き合うというのが、レジリエンス（回復力）。この段階にくると日々が単なる実践、実験の連続というとらえ方になってくる（④）。失敗という概念がなくなっていくので、自己批判少なく自分を大切にできてくる。

魂がありのままでいられるためにまずは自己調整の時間がある程度キープできるコンディション作りをし始めるのだ！　要はトラウマ、過去の辛い体験を乗り越えたいと思ったら、自己調整を目指すのが手っ取り早い。〈ハンズオン〉は神経に直接働きかけられ自己調整を獲得す

③自己調整

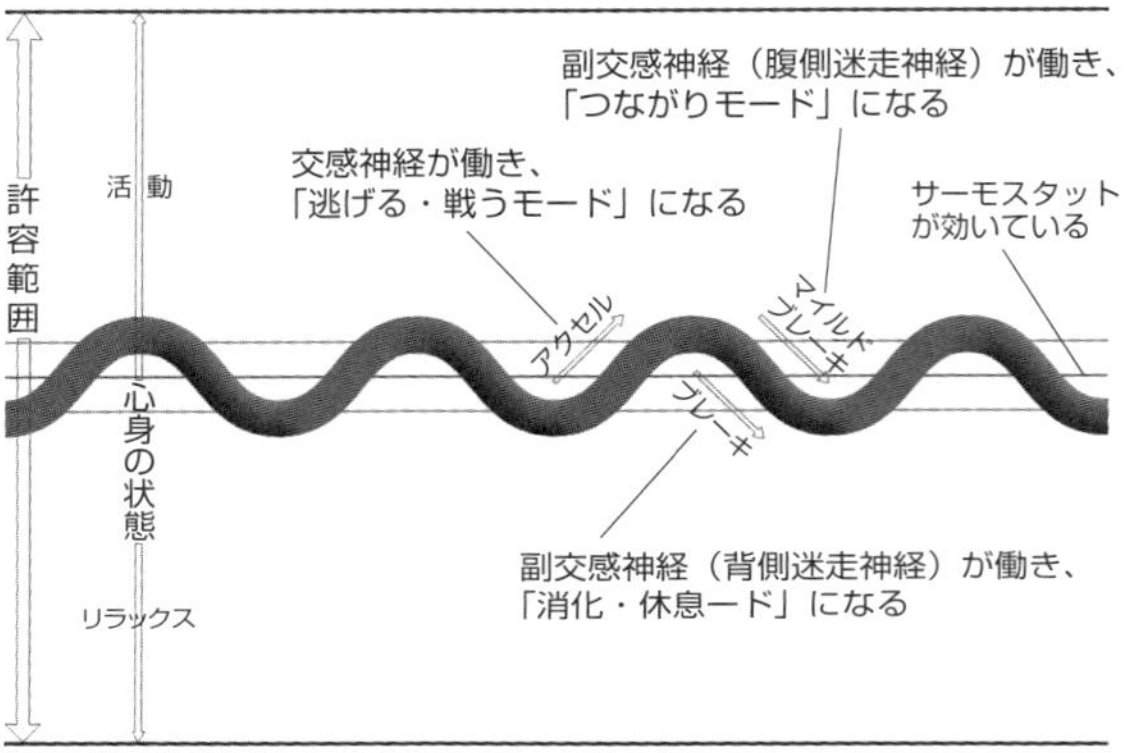

＊ほどよい緊張・覚醒とリラックス

④レジリエンス

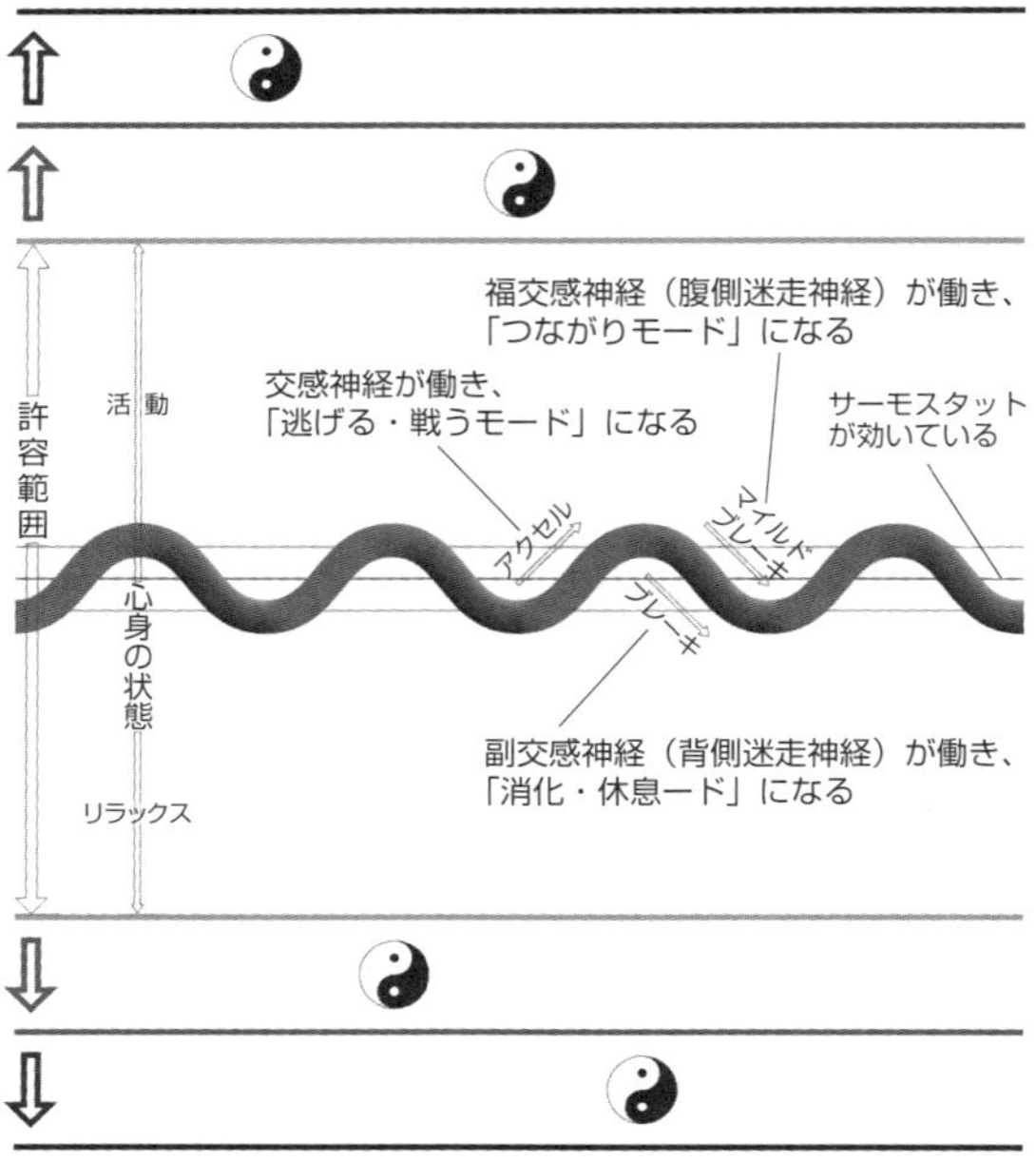

＊ほどよい緊張・覚醒とリラックスを繰り返すと
許容範囲も広がります

るのに効率的だ。やりたかったのは、これだ！　伝えたかったのはこれだ！

……早速批判してくる人々の顔が浮かぶ。でも恐れない、言わせておけばいい。大丈夫。

4月某日、午前8時14分

関西国際空港から東京駅に向かう新幹線へ急いでいた。ヨーロッパで開かれた国際学会から14時間のフライト。くたくたに疲れていた。

10時50分、新大阪発東京行きの新幹線の中で死んだように爆睡し、行った先は俳優養成所。声楽の授業に急ぐ。

自分は何をしているんだろう、と思う間もなく課題で選んだ曲、「夢やぶれて」を独唱していた。

「夢やぶれて」どころか、夢が叶ったという実感もなくひたすら必死で歌っていた。

こんな私を去年の私は想像だにしていなかった。

「あの人脆弱《ぜいじゃく》だから、頭悪すぎる」などと陰口を叩かれていた自分、そんなことが一気に吹っ飛ぶ……。「解放」という言葉が脳裏に浮ぶ。

どうして自分はここにいるんだろう。こんなに自分にはエネルギーがあったっけ!?　一瞬現実感をなくした。

この日の演劇概論の授業では、役や脚本家からの自立がテーマとなっていた。「本当の自分の声」を見つけるということが課題だ。それこそこの数カ月向き合ってきた「こうであるべき」という固定観念からの解放だ。自分の本当の声とはなんだろう。
これからここに週3回合計9時間、夏まで通う。どんな生活が待っているのだろうか。

養成所生活も1週間が過ぎた頃、4月の後半のある日。

良美先生と初めての打ち合わせ。神楽坂の赤城神社にあるカフェで先生と待ち合わせる。セッションではないカタチで初めて会うのだけれど、世間話から始まって、お互いのことを伝え合ううちに、良美先生は2015年末に離婚をされて、女手一つで二人の娘さんを育てていることや、結婚前の20代前半にはバリに在住して働いていたことなど、セッションでは知らなかった良美先生の人生のカケラについてを伺う。

何度も録音を聴いていたご本人が目の前にいることに緊張をしながらも、そんな良美先生の生きざまがセッションというカタチに反映されていた実体験だということを聞くにつれ、「絶対この本を出したい！」と心が燃えたぎる。

そうそう、群馬のご実家がお神輿《みこし》などを作る会社をしているとのこと。偶然なのか必然なのか、待ち合わせたこの神楽坂の赤城神社の氏子さんの山車《だし》も10年前に良美先生の実父の会社が修理をしたらしい。そこで会っていることも不思議なご縁を感じる。

私も自分の経歴を良美先生に伝えた。良美先生は目を輝かせて、
「咲子さん、すごいね！　すごい！　立派な経歴を積んでる！　セラピストとしてアタシより

もすごく学びが深くてエリートじゃない！」と良美先生は言う。

「アタシはセラピストとしては雑草だよ。誰にも何かを教わったことないし、セッションを受けたことも、講座やセミナーに出たこともない。本も読んだこともない！　手相だって、10代の終わりに、伊勢丹に並んで新宿の母に手相観てもらって、5分くらいで言われたことにも、ぜんぜんピンとこなくてね。それ以来、手相も独学。アタシがセッションで話すことは全て実体験。咲子さんはアタシからしたら物凄いエリートだよ。面白いね」

思わず口から、

「そうなんですね。だからすごいんだ！　そのパワーは全てオリジナルから来ているんですね。どんな療法、理論からも自立している！　すごすぎる！」

そんな言葉が出てきた。


「オモシロイフタリが出会ったね！　お互いに経歴を交換しよう！」

と良美先生が提案し、神楽坂での1回目の打ち合わせは終わった。

Taurus

2016年5月7日
✸牡牛座の新月石鹸

Chapter 6

✸

豊かさを受け取る

✸

——魂の癖を超越して
今ココに集中！
欲しいモノは受け取っていい！

石鹸に込めたメッセージ

キーワードは「豊かさを受け取る」牡牛座が司る
豊かさ・美・五感の歓び……欲しいと思うモノはぜーんぶ
受け取っていい☆　そんなエネルギーを込めました。
メッセージは～自分の全てを許す～牡羊座で始まった
新しいステージを牡牛座で固めていきましょ★
……そんなテーマで作りました。

天然の素材たち

無添加の圧搾植物オイルがベース。
オリーブオイル、ココナッツオイル、パームオイル。
白はシリカサンド。黒は鹿沼産の麻炭パウダー。赤はレッドパプリカ。
緑もカラージェルで。
牡牛座の香りにはゼラニウムとサンダルウッドの精油をチョイス。

Yoshimi

非物質の魂と肉体の波動が調整されるまでタイムラグがある

自分自身が体験したことをオハナシ会やセッションでシェアして活かすのが私の仕事の進め方だが、ここ最近は、特に「依存を抜くことが、昨日より、去年より、ずっと楽になる術《すべ》だよ。依存がなくなるとは、これがなくてもアタシは大丈夫、と自分を信頼できること。本当に楽で軽やかな自分軸の生き方」……と、そんな内容が多い。

出版に向けて興味が意識がどんどん自分に向いていくほどに、そこに集中させることを邪魔する、今まで自分以外のモノにエネルギーを駄々漏れさせてきた部分が多かったことにますます宇宙は気づかせてくる。

この人、どうしてるかな？　アタシ、あれでよかったかな？

そんな時、今ココに意識はなく、過去に戻り反省し、未来に飛んでは不安を見つける。そして自分のエネルギーを今の自分に集中させることができずに、他者、過ぎた過去、まだ見ぬ未来に駄々漏れさせていく。それも魂の癖だ。今ココに集中する。呼吸をして、音を風を匂いを味を色を、今の自分が感じる。そうやって自分の中に存在することにも心がけ始めた。

まだまだ日々、物凄いスピードで、自分の中の依存を見せつけられている感覚はあった。気づく。うんざりする。手放す。それによって魂は変容する。だけどその後に肉体レベルで現実世界で変化するには1〜2カ月はかかる……と伝えているのも、全て実体験だ（毎月新月にはエネルギーを感じ、メッセージを受け取り、それを新月石鹸に込めるが、石鹸が完成してみなさんのお手元に届くのは1カ月後になる。受け取った方々からは「今の自分にドンピシャなメッセージになってます！」という声が多数寄せられる。宇宙からの波動はすでにみなさん新月のリアルタイムで受け取っているだろうが、それを実際に現実で感じるのが1カ月後、というのもそれを実証している）。

非物質の魂と物質の肉体の波動が調整されるまでにはタイムラグがある。

とにかく今は、自分のための時間を過ごすことが心地よい。

機能不全な関係性である他者との関係は、かつて、尽くして自己犠牲もいとわなかった自分の生き方への違和感と居心地の悪さに誤魔化しが利かなくなっていた。

でも、まだ、持っていた。

それは、孤独や寂しさや未来への不安を他者に埋めてもらうことを期待してしまうよくある依存の恋愛ごっこや友達ごっこの片鱗。魂の癖だ。

尽くして尽くして我慢してでも愛してもらおうとする根深い癖。巫女《みこ》みたいな、花魁《おいらん》のようなエネルギー、ってアタシは表現する。愛をもらうために尽くしてしまう癖。そんな癖が残っているアタシが引き寄せていた孤独を埋めるための恋愛ドラマは、苦しみを生むものでしかなかった。

苦しいほどに愛だと思っていた自分が、この苦しみはちっとも幸せじゃない、と、いよいよ今世の人生で感じ始めてくれているのを感じ始めて、ドキドキザワザワしていた。アタシの魂は、そんな意識で生きたことはないであろうことを知っている。行ったことのないステージに行く手前のザワザワ感だ。

パターンを手放すのは大変だ、ってアタシはよくセッションで言うけど。ほんとそれは実体験。

苦しみでしかなく、そこに喜びも幸せもないのに、居続けてしまう癖。頭では分かっていても、泣き叫び、肉体でもがいて、全身全霊でその癖にうんざりしないと手放せないよ、と伝えているのは、そこまで自分がしたからだ。癖って厄介だよ。何回も戻ろうとする。そう言えるのも実体験。

頭で分かったつもりでも、肉体が心が、まだ戻ろうとする。

相手を変えてもその癖を抜かない限りは、同じような恋愛パターンを繰り返すのだ。離婚した後にも、アタシが意識を向けてきた男性との関係は、元夫との関係となんら変わりがなかった。安心感、安定感が与えられることはなかった。そして依存だけは強い。女は男のために我慢して尽くしてくれればいい、と本気で言うような人もいた。お母さんみたいな女がいい、と。ま、現在この日本で目にする恋愛は、ほとんど、こんな昭和の演歌みたいなカタチだけどね。切なくて不安で苦しくなるのが恋愛。ドラマも歌も周りの人も、それが恋愛だと言っている。

くそくらえ。

自分が自分を愛せたら、既存の恋愛パターンも人間関係もまるきり変わっていく……。それを今世の自分の人生で体験できる予感にザワザワしていた。

自分の中に存在して！　自分のほんとの心に耳を傾けて！　そうやって、楽になるために自分を必死に生きようと覚悟しているのだ。

この頃は、そんな〈自分を生きる！〉覚悟が伝わっているのか、宇宙があらゆるカタチでサポートを入れてくれる。

まず、機能不全な関係性である相手から連絡が来てもことごとくタイミングが嚙《か》み合わなくなってくる。電話も会うこともできないことが続く中、ふと思いをよぎらせようものなら〈これから先に待つ、幸せで豊かで一切の不安も苦しみもない、楽しいステージに入れないよ!!〉って言わんばかりに、軽やかでワクワクする出会いや運や縁を鼻先にちらつかせてきたのだ。

その縁は、このままのアタシを愛してくれたし、尽くさなくてもちょうどよいときにそばにいてくれた。いるんだ。そんな人……。いや。ずっといたんだ。

いつしか、アタシは、今までの場所に存在すると「めんどくせーな、この場所にいるのは……」って思えるドラマをたくさん宇宙からいただき始めた。めんどくさい相手とは、かまってちゃん、分かってちゃん。意識を注がないといけない相手のことだ。

これからはこの魂が生きたことのないドラマに入る。そのために、今までの魂の癖を自ら手放していくのだ。

欲する場所へ魂を連れていく。思い通りに受け取っていい。

牡牛座の新月のエネルギーを受け取りながら、そんな思いを込めたタイトルとなった。

Yoshimi & Sakiko

交換した経歴――もう生ぬるいことはできない……

5月初めの日、連休中、神楽坂のTIMES CAFEで今までのセッションを簡単におこしたものを見ながら話をする。以前に約束したお互いの経歴のこと。二人でさらけ合う。両者とも正直に隠さずに伝えるエネルギーはすごい。本音のエネルギー。交換した経歴は次のような容赦ないものだった。もう生ぬるいことはお互いにできない……。

松本良美　経歴

小学校3年生まで、1ドル＝300円の時代に何度も海外旅行に出かけ、毎年替わる高級外車、家に訪れる宝石商が当たり前な、いわゆるバブリーな時代を生きる。

その間、引っ越し回数は数知れず、転校3回、しかも突然前の日に伝えられる、という大人の事情に振り回される。

小学校4年生になる頃、自営業の両親が経営する仏壇屋が火災。

それを機に会社倒産、両親の離婚、夜逃げ……金持ちから突然の反転ズンドコ人生に突入。

離婚後、母に育てられる私と姉。母は、その時から、水商売で生計を立てていくことになる。

良美は水商売のホステスさんや近所のおじさんおばさん、そして家庭教師の先生などに、支えられながら毎日を過ごしていくことになる。

中学1年。強くなりたいから、と男子のみの柔道部の門を叩く。世間に女子柔道がほとんどない時代、女子4人集めたら女子柔道部を作ってもよい、との学校側の意見で、手当たり次第に女子柔道部に入る女子をスカウト。見事4人集めて女子柔道部を作る。生意気だと連日先輩に校庭の裏に呼び出され〆られる。

中学2年の頃にはもれなく不良に育ちあがる。警察や学校に呼ばれることも多くなった中2の夏、母親に赤城山に捨てられる。

勉強もせずに迎えた中3の進路相談の際、出来の良い姉が進んだ進学校に行きたい、と担任に伝えたところ、鼻で笑われたことをきっかけに寝てる時以外は勉強する日々を過ごす。

偏差値を20上げて見事進学校に上位で合格したものの、1カ月で行かなくなる。またもやズンドコ人生に立ち戻った高校1年の夏には高校中退。遊び呆けて、更生しない16歳、不良たちとの縁を切るために、親族の勧めで東京の調理師学校に入学。16歳にして単身上京の一人暮らし。池袋・新宿で遊び呆ける毎日。母親に内緒で帰省した16歳の夏、かつての仲間と赤城山でバイクの大事故を起こし入院。ベッドの上で初めて読んだ小説が面白く、「小説家になりたい」と潜在的に思う。

調理師学校を卒業時の17歳、「あなた頭いいんだから勉強しなさいよ」と先生に勧められて大検の存在を知る。同級生たちが高3の夏、大検合宿1カ月で合格することを条件に、母親より大検の勉強をするための許可が下りる。人里離れた山合宿にこもること1カ月、秋の大学検定資格試験で高校の3年間の単位を全て習得して合格。ついでに言うなら、この合宿で過ごした山梨の田舎で宇宙と繋がる体験をする。

潜在的にあった文筆活動をすることを叶えるために大学に行くべきか悩んだ末、実践的に、出版社で働くことを選択。見事面接クリア。高卒資格のありがたみを知る。というか、遍歴の面白さが目に留まる。そこで編集やライターの仕事をしながら、数年働く。

同時に運命論や心理学にも興味を持ち、独学で手相を学び始めたのがこの頃。

22歳、バリに出会う。

初めてのバリで出会った現地の男性と1日遊んで別れ際の握手をした際、「この人の子供を産むな」と直観的に思う。それから英語とスイミングを毎日猛烈に練習して、見事彼女の座をゲット。3か月に1回のサイクルでインドネシアを訪れながら、現地で写真とコトバをしたため、帰国しては展覧会を行う。それがかなりの盛況。

同時に手相観をライフワークに取り入れながら、具体的に自論での手相観を展開。出会った人の手から独学で手相の世界を学ぶ、というカタチで、さらに手相観を深めていく。

そしてやっぱり強くなりたくて、何を思ったか　ボクシングジムの門を叩く。まだ女子ボクサーが日本では少ない時代。それなりに取り上げられ、かなり真剣にボクシングにいそしむ。毎日5キロは走りトレーニングもする日々。

遠距離恋愛2年目の24歳。調理師免許を活かしてバリでワーキングビザを取得。バリに移住。

現地で寿司を握りながら、手相を観ながら、インドネシア語と英語を学ぶ。

移住して半年、ビザの更新を会社のオーナーが怠ったため、強制送還。

再び、遠距離恋愛に戻り、出会ってから5年目、まとわりついていた女3人を切り離しながら、周囲の反対もなぎ倒して結婚。26歳。

27歳でチョージョ出産。と同時に自己表現の場所が展覧会から芝居の世界に移行。

オリジナルで脚本を書き、自ら演出。劇団員をスカウトしながら劇団を作る。これまたかなりの盛況。群馬県内で上演。

30歳でジージョ出産。

オリジナルの脚本で芝居上演3本目の矢先、インドネシア出身の旦那が病気で長期入院。

そこから、芝居停止。お金や日々の生活が不安定になる時代に入る。

生活のために仕事をする最大の抑圧期に入る。

旦那が回復してから5年後、37歳。インドネシア産の旦那、潰瘍性大腸炎という難病でまたもや長期入院。生活ますます貧困になり、さらなる抑圧期に入る。旦那が大腸全摘の危機を前に、良美、自然療法という世界を知る。ホメオパシーを取り入れ、良美の世界観も変わり始める。

２０１１年3月11日の震災から怒濤の人生転換期。

離婚した両親それぞれが経営する会社に跡継ぎとして関わっていた二足のわらじを脱ぎ捨て、手相観セラピストの世界に転身。ほぼ勘当される覚悟で安定のための仕事を辞め、手相観の仕事で独立することを決意。

手相を見てもらったことも、学んだこともない　オリジナルな手相観リーディングをひっさげて、群馬を拠点に、全国各地で仕事を展開していく矢先、旦那が再び、スティーブンス・ジョンソン症候群という難病にかかる。44歳。

結婚、家族、生活、お金、仕事、恋愛……今までの自分のパターンが生んだ全ての現実が一気に襲いかかり、良美一気に崩壊。離婚、旦那の帰国、からの再スタート人生をこの1年で行い、現在45歳。

45年間の全ての実体験から感じる「魂を生きる方法」を全国各地でセッションやオハナシ会で伝える日々。そしてそれらをまとめた本を現在執筆中。

浅井咲子　経歴

保育園で保育士から虐待を受けて、なんてこのブス頭悪いんだろうと子供ながらに思う。

3歳ながら、こいつには絶対負けないと心に誓う。暗い押入れの中に閉じ込められようが、投げられようが、ほかの子に攻撃をされているところを写真に撮られようが、小さい私はこの保育士の名を心に刻んだ。負けん気の強さはもうこの頃からあった。将来『子どものトラウマ・セラピー』という本の翻訳者になることはこの時はもちろん知る由もない。最近、あの保育園から来た開園60周年の記念絵葉書をびりびりに破いて捨てた。滅びればいい！

小学校で10進法と時計が難しくなる。60進法の地球の自転と公転を教えないからだと後で気づいた。速さ、時間、距離の「は・じ・き」で完全に躓く。あのへんな図はいったいなんなんだろう。

自分は頭が悪いんだと思い込んでいた。

中学校で方程式の楽しさに目覚めて寝ても覚めても方程式を解く。なんで小学校でこれを教えてくれなかったのか！　勉強をしすぎて周りが心配し始める。高校で受験勉強に追われながらも何か別のことをしたいような気がいつもするようになる。

大学に入ってサークル活動に明け暮れたが、コンパの毎日にすぐに飽きてむなしくなる。なぜかそのときに履修していた組織神学の授業以外はつまらなくなり、食事が喉を通らなくなる。アメリカに交換留学生として留学の道を選ぶ。ダンス、ピアノ、心理学に出会う。3歳から習っていたバレエを思い出し、ただ踊ることが楽しくなる。毎日が勉強で忙しいなか、ダンスの授業やピアノの授業に没頭していた。これで単位が取れることが天国だった。ひょんな思いつきで受けた外務省在外公館派遣員に受かりイギリス勤務に。高収入な生活を楽しみ、ロンドンのミュージカルやバレエや美術館を存分に巡る。同時期、仕事をしながら夜学に通い、心理学の単位を取る。

そして、小学校2年生からのカウンセラーになる夢をいよいよ叶えようと貯金を使い果たし、再びアメリカに留学。カリフォルニアの大学院でカウンセリングを学ぶ。一気に貧乏学生になる。ロンドンとは雲泥の差の安全とは言えない地域に住み、引っ越しで転々としながらもたくさんの人々と仲良くなり生活に慣れていく。

セラピストとしてトレーニングを受けると、続々とクライアントがつきだす。ネイティブのアメリカ人がクライアントがいないと嘆く中、すぐに必修の時間をクリアし、帰国。日本でセラピストとして働き始める。

日本へ帰るとまず就職した先の教育センターで退職間際の心理士から嫌がらせにあう。「本当は子供なんて好きじゃないんでしょう」などと意味不明なことを言われ、社会人の私は「○○さんのように経験が少なくて、ご迷惑をおかけしてすみません」と恭《うやうや》しく言いながら、「お前みたいな性格の悪いやつ、早く人間辞めろよ」と心の中でつぶやく。企業でも同時期カウンセラーとして勤務していたが、1日30件以上もの電話相談を担当させられ、性に合わず仕事に嫌気がさしていた。私はこんなことがしたいのではない、と私設セラピストの道を選んだ。以来、集客には困ったことがない。口コミでクライアントがたくさん来てくれた。

海外でのびのびすることが好きなので、渡航費、宿泊費、参加費を自己負担で、年に4回、アメリカで神経系を読む技を習得していくという選択をした。自律神経を整えていく方法をものにすると、精神科医の方や様々な方面の方々から患者さんを紹介してもらえるようになり、ますます忙しくなる。周囲の期待に応えるため、少しでもお役に立てればと頑張り続ける日々のなかで、虚しさを募らせていく。セラピストを辞めようと思っていた矢先に受けた手相観セッションで人生が変わった……。

それからは仕事へのスタンスもがらっと変わり、ワクワク生きていくなかで発見したことを専門分野のレンズで伝えていく日々になる。

解剖学でもない、自分の身体を通じて分かる情報。目の前の人の生きてきた歴史。人間の本質としての本来の癒しの力。それを下支えする生命の力の片鱗が見られたら、引き出し、定着させ、そして日常にかえってもらう。あとは良美先生と魂のカタチを伝えるというこの本を世に出せたらよい。どんなに批判されようと叩かれようともこれは、揺るがないし譲れない。「魂のカタチを知りつつ、魂のイゴコチを良くする」これを全国で伝えていきたい。義務や責任大嫌い、楽しいこと、気持ちいいことをすることにしか興味ない！

Sakiko

感情解放の変化……無理して相手にもう合わせられない

お互いの経歴を交換してから10日後、良美先生に神楽坂のサロンで手相の講座をマンツーマンでしてもらう。

その日は次の日からベルリンに研修に行くので、夕方には関西国際空港近くまで移動。翌日、ベルリンへ。3日間の精神分析系の研修を受ける。

その翌朝、帰路につき、次の朝8時55分帰国。急いで特急はるか、新幹線。14時間のフライトで喉が最悪な状態で、声楽のクラス。今日は課題曲のテストだ。機内で眠れなかったため、体が辛い。当然、練習もろくにできなかったので、声が出ない。どうしよう。こんな最悪なコンディションで歌うのは先生に失礼というのもあるが、自分自身が一番不本意だった。テストでは、努力が足りない！　と言われた。最後みんなのほうを向いて一礼したら、腰の低さを褒められた。腰の低さなんて褒められてもしょうがない。とにかく悔しい。

2日後の演技指導のクラス。本来は公園で稽古、クラス開始1時間前には稽古場に集まって稽古をしなくてはならないが、とにかく仕事が忙しくて時間がとれない。演出の先生から、「浅井の演技にはハードルが見えない」と言われる。そうだよ、無難にやってきたのだ、今まで。炸裂していいのだ、壊れてもいいらしい……。

果たして、感情の解放のゆくえは。

それから毎日、カラオケボックスにこもりセリフを覚えたり、発声をやったりした。できない自分が悔しい。同時に、自分の本業の講座の準備に追われる。食欲がない。感情が解放されて、正直になってきたからか、自分に注ぐエネルギーが増大したぶん、無理して相手に合わせられなくなってくる。年2回あるベルリンへの海外研修の際は関西に住む同行者に合わせて旅程を組み、たとえ最寄りの羽田空港便があっても、前泊してでも関西国際空港から飛んでいた。別に頼まれたわけでも義務でもないが、年長者だし社会的地位もある人なので気を遣っていた。俳優養成所は休めないため、帰国した朝そのまま新幹線で東京に戻り、その足で養成所に通う。もう限界だ。十分合わせてきた。そう自分を労うと、とっとと羽田便のプレミアムエコノミーを予約した。勢いでマイレージの力をかりてビジネスにアップグレードもした。羽田空港はバスで20分。近い！　全日空のビジネスクラス大好き！「快適な空の旅を〜♪」あ〜自己価値が上がる。これだよ、これ！　と魂が喜んでいた。

Sagittarius

2016年5月22日 ✸射手座の満月石鹸

Chapter 7

✸

宇宙と繋がる。月に祈りを。素直に生きる。

✸

——きよめ、はげみ、めざめの循環で
エネルギーをパワーアップ！

Message put in Soap

｛石鹼に込めたメッセージ｝

ウエサク満月。
レイキエネルギーをたっぷり込めました。
美しい月を　ゆーったり　眺めました。
～自分の全てを許す～
……そんなテーマで作りました。

天然の素材たち

無添加の圧搾植物オイルがベース。
オリーブオイル、ココナッツオイル。
ピンクオレンジの月を再現すべく柔らかい愛が
たっぷり詰まってます☆
香りにはジンジャーとブラックペッパーで
射手座のエネルギーをチョイス。

Yoshimi

純粋に願うこと&行動のみ。後は宇宙が全て叶えてくれる

ウエサク満月*に、気心知れた友人と、筑波山登山。

解放されて軽くなった自分を感じながら、宇宙と繋がる魂がワクワクを溢れさせている。

筑波山登頂しながら感じたのは、「なんて楽なんだろう！」ってこと。

昨年のウエサク満月の頃の自分は依存体質が抜けきらず、依存体質な男を引き寄せ、旦那に秘密で、京都のウエサク祭に密会旅行をしていた。今振り返れば、一緒に過ごしつつも私自身は全く楽しくなかったコトに気づき、自分を労う。

尽くして受け取る。我慢してでもそばにいる。それって全く幸せじゃないのに。「お母さんでもおねーさんでもなく、アタシはアタシ!!」そう思ってたのに、手放すのも怖くて、そんな状態の中で、共にいることが、安心だと感じてしまう自分の体質にもううんざりしている。

自己価値を下げる自分の生き方には戻れない。

苦しいコトが愛してるコトだ、って思ってたアタシ、お疲れ様。

愛ってもっと軽くて自由で幸せな波動だよ。

自分が自分のホントの感情にアクセスすることを許し始めた5月。

仕事はどんどん忙しくなっていく。

セッションでは昨日までの気づきを自分を100%出し切ることで、毎月毎週毎日、新しい

自分が生まれた。

その都度、気づきを蔵出しししていくので、出し切ってはまた自分のエネルギーがどんどん湧き続け、循環し、増大していくのを感じる。

出版に関して、咲子さんとの打ち合わせも増えてくる。

咲子さんに聞かれたコト。

「良美先生。どこの出版社から本を出したいですか？」

「……。出せるならどこでも……」

「電子ですか？　文庫ですか？」

「……。どっちがいいの？」

出版経験者の咲子さんは、様々な状態でのメリットデメリットを教えてくれる。

「表紙はどうしましょう？」

「そうだね。まだ明確には決まってないね」

「何かピッタリなモノに出会えたらいいですね」

「そうだね。きっとこれから出会うよね」

「なるべく高い目標を目指しましょう!!」

咲子さんのポジティブさに比例して、自分のことになると、心の底からのWANT!を言い出せない弱っちい自分がいることに気づく。

そりゃ、売りたいよ！　そりゃ、最高な出版社で売り出したいよ！

でも……そんなコト、口にしちゃっていいの？

オハナシ会では、「何をしたい？　一番の理想を描いて宇宙にオーダーしてね！」

なんて　言ってるくせに……。

自分が自らのアピールをする場面に関しては、設定を低くしているコトに気づかされる。

自分の一番のWANT！に向き合う。

そして、目指す最高なカタチを自分の内面で許していく自問時期。

それを宇宙にオーダーし始めた。５月。

自分ができるのは純粋に願うことと行動のみ。

あとは全て宇宙が叶えてくれる。

そんな思いを込めて射手座満月のタイトルを決めた。

＊ウエサク満月：五月の満月には天界と地上の間に通路が開け、ひときわ強いエネルギーがふりそそがれるという。この夕、満月に清水を捧げ心のともし灯《び》を輝かせつつ、ふりそそがれる神秘的なお力を身に受けて、自分とすべてのものの「めざめ」のための熱い祈りを捧げるのが、光と水と聖音の祭典「五月満月祭《ウエサクさい》」である。

祭典は三部に分かれ、第一部は「きよめ」の祈りで、祭典に集う人々は、まず自己と場の浄化のために魔王尊を讃仰《さんごう》する。月が天頂に近づくころ、ひとりひとりが持つ純粋無垢な心の象徴の「心のともし灯《び》」に灯が点《とも》される、祭場がともし灯に埋まると、銀碗に清水を満たし月に祈りを捧げる。次にともし灯を高く掲げて、真実に生きぬくための強い力を与え給えと「お力の宝棒」の加持《かじ》を受け、月光のふりそそがれた明水をわかち頂き、慈愛のみ恵みを心に満たす。そして第二部では、月光を受けながら大地に腰をおろし静かに「はげみ」の瞑想を行い、夜明けの近い第三部には、智慧《ちえ》の光を輝かせ真実に生きることへの「めざめ」を象徴する聖火が天を衝《つ》いて上がる。最後に全員で『心の書《ふみ》』を唱え魂の夜明けを迎える。（鞍馬寺資料より）

Sakiko

高い波動の世界に触れた感動と変わりゆく自分の世界

5月も下旬、自分の受け持つ講座の準備やらセリフ覚えやらで、いつも頭の中が忙しい。両立がこんなに苦しいとは。中途半端で終わらせたくないので、完璧に覚えていく。〈ハンズオン〉を前面に出した「解放のフィジオロジー」講座。なんとか一日目の講座を教えたあと、急いで夜の俳優養成所へ。セリフは今までで一番入っている。演技指導の授業に3時間集中。「浅井は出張で休みが多かったし、どうなるかと思ったけど、相手役がうまくいくように演技をしている。6月から頑張れるよ」と演出家の先生に言われた。嬉しい！

明日はまた講座の続き。早朝からなので都内のホテルに泊まる、明日の講座の準備があと一歩。心配だ。くたくたの頭と体で作業する。

勇気を出しながらやっている「解放のフィジオロジー」は慣れないながらも解放と自立を神経系の観点からお話しして、大成功。倫理をもとに〈触れる〉ことで得られる神経の変化が何とも尊い。

次の日、やっとお休みが取れた。美輪明宏さん主演の「毛皮のマリー」を観に行く。徹底的なこだわりと厳しさ、そして高い波動に触れた感動とで大変だった。芸とは厳しい。休んでもいられず、2日後、再び声楽のテスト。なんとか歌った。前回の屈辱と悔しさから、ほぼ毎日カラオケボックスで練習していた。忙しい中、自分のできることに集中した。声楽の先生から努力を褒められた。嬉しい。

同じ日になぜか、あの心理療法研修の外国人講師から、もう次の福岡の研修にアシスタントとして来ないようにというメールが来た。急にどうしちゃったんだろう?! もうとっくに交際相手との温泉旅行の予定を入れていた。二度と行かねーよ、ぼけ! と心の中でつぶやきメールを削除した。もちろん迷惑メールにも設定完了。もう私には重い波動にさらされて、心理療法の研修という名のもとに、誰かのインナーチャイルドを投影されるのを甘んじて受ける時間も暇も一切ない。苦しむことからの自立。

Sagittarius

2016年6月5日

双子座の新月石鹸

Chapter 8 真実のコミュニケーション

——アタシがアタシを徹底して守り、愛し、癒すということ

Message put in Soap

石鹸に込めたメッセージ

キーワードは「軽やかな知性。真実のコミュニケーション。」
レイキエネルギーもたっぷり込めました。
～自分の感情を抑えずに伝えていこう～
……そんなテーマで作りました。

天然の素材たち

無添加の圧搾植物オイルがベース。
オリーブオイル、ココナッツオイル。
ターコイズブルージェル。麻炭。シリカサンド。
香りにはペパーミントとラベンダーで
双子座のエネルギーをチョイス。

Yoshimi

依存の手放しで嫌いな人が私の世界に入ってこなくなった

幼少期に作られた良美のインナーチャイルドが引き寄せていた様々なパートナーシップ。もはやそこにすっかり飽きてくると、私の変化に気づいたのか、今度はその相手が妙に優しくまとわりついてくることが増える。

「え?……重い」

アタシの魂がつぶやいた。

同時に肉体レベルでその相手を拒絶し始めた。

いいぞ。やっとだ。

魂の声に気づいた頃から数カ月。他者を拒絶する、嫌いになる、ということが今までの人生でなかった自分自身にも気づき、改めて驚いたが……。相手の思いを受け入れることばかりで、本来の自分の思いはいつも我慢させていた私のパターンに気づいたアタシは、「嫌い。会いたくない」と思うことを自分に許していた。

全身全霊で自分の癖を味わうまで、感情を味わってきたが、やっと肉体レベルまで伝わってきてくれた。ほんとに時間がかかった。

それでも、徹底して自分を尊重してあげることができきらずに、繋がったコードを切るまでできていなかったアタシを変えたのが、神楽坂での数度目の咲子さんとの執筆の打ち合わせだった。

初めて自分のプライベートを語る。

そこにはもちろん、離婚や恋愛についても含まれていた。

クライアントさんである咲子さんと、ますます境界線をなくしていく時間。

怒りの感情もうんざりしていることも話す。どんな向き合い方をしてきたかも話す。まるで自分が被害者かのように。

「良美先生、まじ、ウケル。そんなウジ虫みたいな男、なんで好きだったんですか？」

「だってさ。だってさ……」

子供みたいな言い訳をしようとしてる自分が、すごくかっこ悪い、って俯瞰してる自分がいた。

「セッションでのパワフルさが全く感じられない。全然違う人みたい」

咲子さんが鼻でフフッと嘲笑《ちょうしょう》したのは、その男を引き寄せていたアタシの自己価値の低さについてだった。

神楽坂の夜。打ち合わせと称して会ったその時間は、咲子さんのエネルギーにまるごと食われた夜だった。クライアントさんとして出会ったぶん、嘲笑されたことは私の自尊心を傷つけた。

打ち合わせどころじゃない。二人の恋愛観やパートナーシップについての話。そして、頭で分かっていることと、自分の現実の差異に気づく話で終始した。

私は常日頃言っているが、人って、自分のことは分かるように生まれてきていない。絶対に。

「自分のことは全部分かっている」と言ってしまう人ほど、私は信頼できない。

自分のカタチを感じる為に皆、転生してきたのだ。

だから私は、「良美さんは全部分かってると思ってた！」なんて言われるたびに、堂々と、

「アタシは自分の手相も読めないし、自分のことは全く分からないよ」と伝えてる。


神楽坂でバイバイして、駅から、群馬へ向かう帰り道。

〈アタシ、その男と過ごしている時間、全く幸せじゃなかった。ホントに……〉

この夜が、心底、自分を俯瞰していくきっかけとなった。

〈アタシ、かっこ悪いのイヤだ！　そしてアタシ、すげーかっこ悪かった!!〉

〈いったいどんだけマゾ気質だったんだろうか。注いで奪われてまでしないと、愛は受け取れないって思ってるこの癖、ほんとにやめた！　女としての価値を低めて生きてたなー。可哀想、アタシ。ごめん、アタシ〉

互いの忙しい合間を縫って打ち合わせと称して会った咲子さんとの大切な時間を、ウジ虫男の話で終えてしまったことが全て。その男のために、自分のエネルギーを自分のために使えてない？　やだやだ……もったいない。電車に揺られながら、スマホの画面に出たSNSから流

れてくるそのウジ虫男の情報を目にした時に、吐き気がした。

ハッキリと気づけた。

〈気持ち悪い。この人、気持ち悪い〉みるみる心が冷めていく。

ハッキリと気づけた。

〈アタシはこの男を好きだったんではない。このアタシの癖を再現してくれるこの慣れたドラマが好きだったんだ〉

群馬の自宅に着く頃には、自分の中から、完全にその男が消えた。

連絡手段もSNSの情報も、自分の世界に入ってこないようにブロックした。

かつての自分だったら、躊躇《ちゅうちょ》した。相手を傷つけるんじゃないか？　って。嫌いになっていいの？　って。

お母さんみたいに全部を許して守るのが愛だと思い、自分を犠牲にしても平気だったアタシ、バイバイ。

もう無理。もう、我慢しない。

話もしたくない。顔も見たくない。〈アタシ、嫌いだったんだ……。その人のこと〉

〈ブロック〉

完全にコードを断つ。繋げないことを自分に許すところまではできていなかった。

自分が自分のままの感情を許した初めての行為だ。
「アタシがアタシを守る」
全力でかつてのドラマから逃げた。逃げることを全力で自分に許した。

そして、アタシは大きく変わった。

アタシがアタシを徹底して守り、愛し、癒す。
自分の不快指数に正直であることを許せたその日から、不思議なことに、ことごとく私が嫌いな人＝自分に不正直な人、が私の世界に入ってこなくなった。周波数の引き寄せ。なるほど、自分がその周波数を受け入れている限り、同じものが引き寄せられるのだ。心底体感させられた。

自分のさらに深いところまで降りて行って抑え込まれた感情を許した瞬間、その奥に抑え込まれていた魂の躍動が湧き上がってきた。ワクワクの波動が溢れ、感動が溢れ、愛が溢れた。それは留まることなくコンコンと溢れ続けた。初めての感覚に感動した。

それはとてもとても高い波動。

何をしていても微笑みと歓喜が身体の中から湧いてくる。


潜在的には離婚した頃から、分かっていた「手放し」。

「依存の手放し」

それを、肉体レベルで実行するのに、時間がかかった。魂が自分を犠牲にして愛やお金を受け取ることを癖として持っていたから。

癖は簡単には取れない。

うんざりして、感情を全身で味わって、そして、抜ける。

そう言い続けてきた自分のコトバも、重みが増していった。

自分の身体に常に存在していた重い波動が身体を苦しめてくれたからこそ、感じられるこの軽くて高い波動。言うなれば「自由」その一言に尽きた。


月に向かって両手をかざした。


真実のコミュニケーションをしていく。

この先も、ちゃんと、自分と。

早くこの歓喜を出会う人に伝えたい。循環させよう。

宇宙はきっと波動を高めるこの気づきに祝福を見せてくれるはず。


これからは自分純度100%で生きていく!

そう思って仕事でも100%出し切るアタシの講座やセッションは、自分でも感じられるほどパワフルになっていった。

気づきをそのままカタチにする。

誰かが見ているから、と自分の本音を抑えてしまうことから解放されていく。

ブログはもちろん、この本の執筆の内容にもさらに偽りのないエネルギーを流しさらけていくことに躊躇がなくなる。

キレイゴトではない、そのままの魂のコトバを伝えていく。

そんな思いを込めて双子座のタイトルが生まれた。

Sakiko

依存から自立した愛情交換が、これからの男女のカタチ

6月初め、俳優養成所での宣材撮影。本当に多忙な中、発表会を目前にここまでこぎつけられた。よかった。しんどい時があれば良い時もある。カメラの前で微笑んでみる。どんな役でもつけやすい、そんな雰囲気を目標にして。撮影は同期のみんなとワイワイ。楽しく終了。

しかし実際は抑圧のシステムは養成所も同じだった。

画一的教育、相対評価、全人格労働、いわば他人軸で生き延びることをよしとするようなダダの押しつけのシステムに私の魂は異議を唱えているのだ。「育てよう、現場に行って困らないように」と考えてくれているのは分かるが、解決策が乏しいほど説教に走る、という誰かの言葉。妙に納得。養成所の所長の独裁がここでも繰り広げられていた。やむをえない人道的な理由で欠席を申し出た養成所生が罵倒され、連帯責任としてその場にいた全員が叱責された。

強要したらハラスメントの時代だ。いい時代になったものだ。ワクワクの軽い波動とは逆の抑圧の重い波動をまだ良しとしている自分の「魂の癖」を目《ま》の当たりにする。なんで所長の顔色をうかがいながら芝居しなきゃいけないのか！

養成所とはこういう厳しいところなのかもしれない、と思いながらも、目の前で繰り広げられた横暴を録音しとくんだった！　と後悔した。私の魂は自由にのびのび発散することしか求めてない。自分は自分のペースで技術を伸ばしたい。私の目標は舞台に立つことではなく、次

の日の稽古。その瞬間瞬間が舞台であり、本番なのだ。嫌になったらとっとと退く。それでよい、と自分に許可したらそれまで遠慮して出し切れなかった芝居に、自分を思いっきり出し切れる瞬間が訪れ始めた。

演技指導のクラスは、柱とトガキ（設定）をおさえていればあとは自由という感じで楽しい。同じ養成所生との芝居で、取っ組み合いをする演技。怪力空手チャンピオンの役。今回は細かくも自由に作り込んだ。迷いなくできたので演じていて気持ちがよかった。信じられない、こんな気持ちになるなんて。共感体質をこうやって使えばいいのか。その役になりきるのだ。今まではそのスペックを周りの人間関係やクライアントに使っていたから疲れていたのだ。感情のエネルギーを創造的なことに使っている。そう、他人にエネルギーを取られてない。その次の週も思いっきり演じるのみだった。共演者とのやりとりをただ楽しんでいた。

自分の魂が喜ぶことをする。自分の中にあった暗くて批判的な信念なんて、本当にワクワクしていると乗り越えちゃうんだな、とある意味感動した。日々自主学習、乗り越えていくのは自分なんだな、と分かった。

良美先生が言っていた「覚悟と宣言」という言葉が脳裏に浮かんだ。やるのは結局自分なのだ。

クライアントさんには一刻も早く自分の魂のカタチを生きていってほしい、セラピストが必要なくなったら万々歳。自分のためだけにそのお金と時間を使って輝いてほしい。まずは、私がそれを率先してやっていく！

6月中旬、実際にセラピストの生活はぐだぐだ。私なんて不健全な愛着から自分なりに答えを捻り出し、パートナーシップのすったもんだもすべて商売ネタ。一番自分が病んでいるし、神経もそんなに整ってなんかない。だから自信を持って解放を伝えたくなる。それでいいのだ。クライアントとの引き寄せで会っている時点できれいごとじゃないのだ。

仕事のあとセリフをカラオケボックスで必死に覚えてから、良美先生と打ち合わせを兼ねて神楽坂のお気に入りのビストロで会った。

今回の打ち合わせは、執筆についてではなく、さらに良美先生のプライベートについて深く知る時間だった。

「どんなプロでも自分のことは分からない」

そのことを実感させられた。

「セッションで言っていたことはどうしちゃったんだろう？」

でも、すごくよく分かる。良美先生が引き寄せていたウジ虫男との関係。良美先生にも、分かってはいるが手放し切れていない、まだ抱えている依存があった。まだウジ虫男のことにこだわっていた。そこを指摘すると、子供のように弱々しい普通の女の子になった。依存するものがあるということは、一瞬は安心させてくれる。でも次の瞬間、それをなくすことを恐れ始める。どんだけ依存を抜いて自立できるのだろう。自分以外のものに寄り処を求めるとウジ虫男でさえ、愛情を感じるから不思議だ。周りの人の噂、悪評、そんなこと、嫌というほど聞いていて、それは事実と分かりながらも離れられない。私もウジ虫たちにたくさんエネルギーを使ってきた。こんな最低な男だけど、私は愛している、みたいなのが自分の愛の深さ、懐の大きさだと勘違いしてきた。だけど、これからはそのエネルギーを自分に使うことにしたのだ。

健全な愛着とは、逆説的であるが誰も愛さなくてもいいということを自分に許可することなんだな、と思う。誰のことも愛さなくても自分は唯一無二の自分であることを知ることだと。


愛とは自分の依存を抜くこと、依存を抜けば抜くほど純粋な愛のエネルギーが流れる。良美先生とパートナーシップについての気づきを話し合う。今までの昭和のエネルギーの中で、愛だと言われてきた、演歌みたいなウェットな恋愛は、依存の恋愛だよね、と。失うこと奪われることへの恐怖からの執着や抑圧が深いほど、それが愛することだと思っていた、魂の癖だね、と。これからはねじれのない愛情交換、他人に期待していない状態へ。自分を生きて輝く自立へのシフト。そしてよいパートナーシップとは片方の解放が進むと必ず片方が追っかけてお互い上昇できる。

自分の中にあるものを流してただ受け取るだけ。満たされているということへ着地すること。かつてそんな形態であったであろう縄文時代の男女の関係性、そして女性に生まれた我々に潜む力、縄文パワー*についても話をした。これからはそういったカタチになっていくのだよね、と。本来の男女のカタチ。そのステージにこれから入って行って体験をするのだから、2作目には、実体験のパートナーシップについて書いていこう、なんて話も出た。ワクワクを止める波動は重い波動であること。ワクワクを相手に見せられるか。見せた時に相手が卑屈になって、嫉妬して、抑圧し合ってしまう関係性はもういらない。

これからは、お互い高め合っていく、自立し合ったパートナーシップでないと、どこまでいっても、自分の魂を生きるステージには入れないのだ、と。依存が抜けると自分に期待し始める。エネルギーを自分に注ぐ、それが互いにできている関係性は、互いに自分を生きるからこそ抑圧のないパートナーシップとなっていく。自分を満たすシステムがここでもできる。恋愛ドラマやソング、小説で見せられてきたものは虚構だった。

これからますます変わっていく。そんな予感のする神楽坂の夜だった。

＊縄文パワー：集団のアイデンティティを女性が司っていたといわれる時代。授かった子供はみんなの子供という認識の上、集団生活が展開されていた。縄文時代の人は無条件にパートナーシップを築き、心の繋がりを大切に、みんなが仲良しで争いのない平和な時代だったといわれる。（参考文献『瀬織津姫とムー大陸再浮上』）

Cancer

2016年7月4日
✷蟹座の新月石鹸

Chapter 9

✷

繋げる。繋がる。結ぶ。結ばれる。

✷

――波動が上がれば宇宙から
縁・運のギフトがどんどんやってくる

Message put in Soap

{石鹸に込めたメッセージ}

～湧き上がる感情・直観・愛を大切に～
クリスタルボウルの波動もたっぷり込めました。

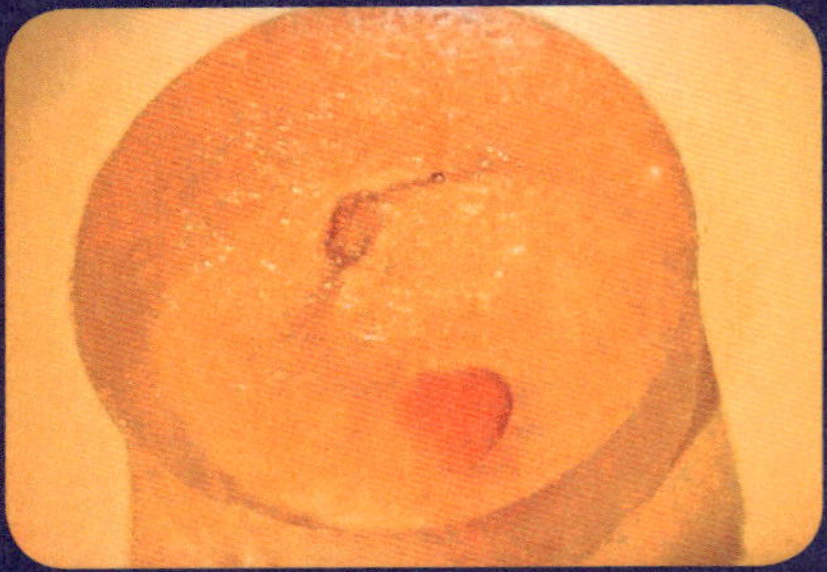

天然の素材たち

無添加のグリセリンソープ。
ハートのクリスタル。大麻（おおぬさ）。
香りにはオレンジで蟹座のエネルギーをチョイス。

Yoshimi

ありのままが一番パワフル。制限なく愛を注ぎ受け取る循環へ！

自分にとっての不快をブロックし始めた6月後半。

それ以来宇宙が見せてくれたのは祝福でしかなかった。

縁・運という、自分ヒトリでは切り開けないきっかけが、目の前に毎日のようにちりばめられていった。私はただそれを摑んで、全力で向き合い、自分をさらけるだけだった。

〈尽くした先に愛されることを受け取る〉という自分の思い込み・癖を手放すという、良美のテーマを全心身で行ったことで、宇宙は全力で「良美！　よくやった!!」と祝福を見せてくれた。

自分の波動が上がれば、繋がる宇宙の波動も上がる。

宇宙はその時、しっかりとギフトをくれる。実体験でそのギフトを受け取る。自分の人生がどんどん変わっていく。

宇宙と繋がる素晴らしさをどんどん享受していった。

同時に腹の底から感じたことは、「愛は全て自分の中にアル」ということだった。

何かをして、何かを与えて、愛はもらえる、という魂の癖を解除したら、すでに愛は自分の中にあった！　それを溢れさせるだけで、そこいらじゅうに愛はあって、繋がって循環を始めた。とっくに自分は愛されていた。ということを実感させてくれた。

不足を探す癖。それが、不安と恐怖を生む元凶だった。

「すでにアル。全部アル。アタシの中に。外に探しに行く必要は、もう、ない」

それを自分で認めることに、45年もかかった。

そして、それを循環できない関係は、これからの自分には必要のないモノとなった。

ここで気づけたのは、徹底して、周波数を切り替えないと、新たな引き寄せ、高い周波数の引き寄せは来ない、ということだった。

周波数を低く設定したら、その低さしか来ない。

しっかりと手放す。低い周波数で出会った相手が、いつしか変わるかも？　なんて期待も徹底して手放さないと、都合良く、あれもこれも、……なんていう引き寄せなんて、起きなかった。

その気づきもまた、その後の良美のセッションやオハナシ会で、とても活かされた新鮮なメッセージとなった。

良美の仕事はますます忙しくなっていった。

どんどんと必要なものと繋がっていく。

意図しなくても宇宙が引き寄せてくれる。

同時に、期待されているから、頼まれたから、求められたから、という理由で受けていた仕事も、自分が違和感を覚えていた内容のものはしっかりと断るということを悩むことなくできるようになっていく。結果的に、自分が疲れる内容の仕事を受け入れることがないので、とても効率の良い仕事の仕方になり、自分はどんどん楽になっていく。

相手にどう思われるか？　そこに気づかうエネルギーも排除されていくので、他者とのやりとりも端的でシンプルな言葉のみのやりとりになっていく。


仕事がどんどん拡大していく出会い。

プライベートがさらに愛で溢れていく出会い。

それらはすでにすぐそばにあったのだけど、それを摑んでいないのは自分の選択だった、と気づかされた。

離婚した後の自分一人で得る収入は、「ここまでできるんだ」……と自分の流したエネルギーの価値を知るモノでもあったが、その2015年の12月に比べると、現在は3〜4倍に増えていた。

楽しい！　嬉しい！　の共有だけで様々なスタイルの仕事をクリエイトしていける。

出会ったクライアントさんからの感想もますますパワフルになっていく。

「セッションを終えたその夜に願ったモノが引き寄せられた」

「覚悟と宣言だけを決めて、全てを宇宙に委ねたら、お金も人材も集まって事業がスタートした」

「宇宙箱、ほんとにすごい！　どんどんシンクロが起きてくる！」

「宇宙箱を使うことで、常に自分が軽い状態でシンプルにいられる。そこからの結果は常に思うままの流れ」

そんな嬉しい報告が毎日、何件も寄せられた。

ワクワクの波動、愛の波動、感謝の波動がコンコンと自分の中から溢れていく感覚を感じ続ける。そして、ただ存在して、目の前の存在と100%向き合う。自分の中にすべてアル。その波動を流す。

その状態で波動交換するだけで、その方の人生が輝き始める、変わっていく、というドラマをクライアントさんを通して見せつけられた。

ゆるぎない自己信頼が自分の中にあった。

もはや自分の言葉にも遠慮や曇りがない。感じたまま、魂のままに人と向き合った。私がワタシを認めていく喜び。毎日の積み重ねは、そのままアル、ということだけ。

それだけなのに、パワフルですね！　という言葉をたくさん受け取り始めた。

ありのままでいること。それが一番パワフル。流すエネルギーに制限を与えない。

制限なく愛を注ぎ、そしてそのまま受け取る。

循環。それこそパワーだと感じる日々。

その気づきから蟹座新月のタイトルが決まった。

Sakiko

最後通告！　変容して突き抜けるためにとったアクション

7月、一応初舞台になる小さな発表会。ソロで歌うパートもあった。歌いながら客席を見るとあの所長の号泣する姿が目に入ってきた。なるほど感受性が豊かなのは、よく分かった。私も気持ちよく発散できた。仕事にすぐに向かわなくてはならないのに、打ち上げ参加を強要される。無理だ。自分の中で、養成所への違和感がふくらむ。この時、4日後に迫った基礎科修了の日に退所をすることを決意した。

養成所と自分がゴタゴタの極致、もうかみ合わない。これはもう自分にとっての重要なサイン。もう終止符を打つときがきたのだ。踏ん切りをつけよう。

芝居は代わりがきかないから厳しい、そんなことはよく分かっている。それよりもワクワクを封じ込めるドラマにうんざりして終止符を打つために、文書にしたためた。自分がこんなアクションをとったことはもちろん今までなかった。

変容して突き抜けるための自分のわだかまりを出す、最後の泥出しだ！

平素は大変お世話になっております。

これまで細やかなお心遣いをいただき、
全くの素人の自分が
慣れないながらも何とか通い続けることが
できたのは、所長の○○先生のおかげです。
勉強の機会を与えていただいたことに
感謝の気持ちでいっぱいです。
ありがとうございました。

ただ、2016年7月7日の現時点において、
下記の事項に関して考慮した結果
大変遺憾ではありますが、
養成所生としての生活を継続することが困難になりました。
これまで精いっぱい続けてきた経緯もあり、
残念な結果となりました。

と始めて、

既定の授業時間以外でのイベントへの参加の強要、および特定の事務局スタッフの誕生パーティーなどでの宴会芸の強要、それを断りにくくするＬＩＮＥや口頭での心理的圧迫、集団の前で、一人に対しての指導という名のもとでの名誉を傷つける叱咤、見せしめ行為。ＨＰ、アメブロにおいて「仕事しながらでも通えます」などと仕事との両立を宣伝しながら、仕事を理由に欠席することへの不適切な指導。

これらの基本的人権、個人の名誉を損なう行為をやめ、速やかに夏期休暇以降の学費、講演積み立て金を返還されたい、と結んだ。

返金はされたら嬉しいが、そんなことが一番の望みではない。協会にはできなかったが、抑圧に対してこうやって理路整然と抗議できたことが私は何よりも嬉しかった。もう自分のやりたい方法で芝居を続けていけばよいのだ。

この後にエネルギー心理学の学会が主催する心身心理学のカンファレンスが都内の某大学で開催され、90名の参加者を前に登壇することになる。少し魂のカタチや解放と自立についても触れる。お客様の反応が思った以上に良い。会場が一つになった、いい感じ。結構いける、手ごたえを感じた。

また、被災地で子供たちに読んでいる自律神経を柔軟にする絵本『はるちゃんのおにぎり』をこのとき読んだ。この絵本は、大人と子供が一緒になって、自律神経を整えられるように考えたものだ。私が創作したのにいつの間にか、どっかの別の団体名で出されそうになっていた。心を込めて作ったものがある日、別の人のものになっていることに呆然とし、すごく傷ついていた。専門家のカンファレンスで絵本を紹介がてら読むことには少し抵抗があったが、これは被災地でもしっかりとやらせていただいていたこと。あのカンファレンスにいた方々には、何気なく紹介したように見えたかもしれない。私の中では熱いものがこみ上げてきた。自分で作ったものとしてちゃんと世に出せた、そんな気持ちだった。失いかけたものを取り戻す、自己価値の高さだな、と思った。そのあと絵本についての問い合わせが何件か来た。私は諦めない、絵本は必ず自分の作品として出版してみせる。


養成所をあんな形で去ることも、そして絵本を聴衆の前で発表することも、今までの自分には考えられなかった。きっと我慢して自分を抑えていたと思う。

母、祖母、……前前前世。きっとどの時代もやったことなかった生き方。いつも自己犠牲、我慢の連続、お金も節約、倹約して質素に暮らすことが美徳とされてきたのだろう。

19歳の時のアメリカ留学の前に母からもらった手紙に「自立」ということが書かれていた。家を出ようと決意しながらも、結局家に戻ってきた母は、一緒に父と暮らしながらも精神的に自立するという道を選び、留学する私に手紙をしたためた。「これを機にお母さんは精神的に自立しようと思います」と。アメリカに向かう飛行機の中で読んだ私は、号泣したのを昨日のことのように覚えている。そして今なら男女の情のことも分かる。

様々な形の自立がある、既存の契約恋愛・結婚から、旧体制から、組織から、思想から、全て解放なのだ。時代は変わった。もう自己犠牲はいらない、芯の強さと無邪気さで自分のためだけに生きていく。魂のカタチを生きて、イゴコチのいいところに全力で自分を連れていってあげる。契約はいらない、契約は宇宙とのみ、「自分のために生きる」と。

【良美コラム】依存から自立へ！　魂本来の願いを引き寄せるプロセス～

～重い波動を手放したらどうなるの？

哀しいのに居続けたり、イヤなのに離れられなかったり、苦しいのを分かっていても我慢してしまうのが、今までのパターン。根っこの感情にアルものは、全く嬉しくも幸せでも楽しくもないことを叫んでいると思う。そこまで感じたら、今までの場所にいられない、一緒にいられない、という状況になる。後は自分が楽で軽くいられる選択を自分で選ぶ、という自立が始まってくる。それは変化。軽くなった自分は宇宙と繋がり、宇宙から注がれるシンクロニシティ、運や縁を使い始める。自立することで、自分の願いと直結し、後は宇宙からのサポートを掴みながらイメージを現実化していくステージに入る。

その逆に、変化を恐れると、自分の感情を無視する、そのままで我慢する、という状態を作

る。自立していくことへの恐れ。そのままで自分を存在させることへの恐れや自己不信があると、依存したままの方が楽、という選択肢を取る。怒りきれない、哀しみきれない、諦めてしまう、そういう状態を良しとすることで、変化することを恐れ我慢する方を選ぶ。

～自立のステージとは？

自立は依存とは真逆のステージ。他人軸から自分軸に。自分の中から湧き出てくるWANT！に従って生きるステージ。誰のためでもない、自分のためのステージ。それは魂が望む場所へ、体験へと、この肉体が魂を運んであげて、感じること、考えることを、自分のWANT！のために使うこと。その肉体、思考、感情のエネルギーを循環させること。

「やりたいコト」〈WANT！〉は　外にはないよ。中から湧くモノ。抱え込んだ重い波動の下にその高い波動の魂は存在しているから、重い波動を手放したら、そのスペースからは魂が望むWANT！が湧いてくる。魂のWANT！は高い波動。だからそこに人は集まってくるし、気づいたら仕事にもなっている。許すのも認めるのも愛するのも自分ができるようになると、もう不安や心配はなくなり、ただ、「どうする？　どうしたい？」という問いかけと、行動していく、というシンプルな循環が始まる。

〜どうやって宇宙と繋がるの？

顕在意識と潜在意識が自分の個人的領域の意識層。その下に集合無意識という、全てが繋がっている意識層がある。その領域が宇宙。そして私たちの中にある魂はその領域と常に繋がっている。

私たちの気づいてる意識。例えば言葉とか、願いとか、祈り。顕在意識で感じたことも、潜在意識を通り抜けて集合無意識に落ちる。

潜在意識、集合無意識は、自分が望むことを全力で叶えるために頑張るサポーター的存在。だから、言った言葉は願いは祈りは、集合無意識に落ちて、繋がる全ての存在から、その言葉通りの願いを叶えてくれる人を探し出してくる。

そして同時に、潜在意識、という自分では気づいてない意識層からも、集合無意識に様々な意識を集合無意識に落としている。

顕在意識で「幸せになりたい！」「愛されたい！」そう言葉を発しても、潜在意識の中に、〈尽くされなければ愛されない〉、ということを刷り込まれたまま、それを抱えていたら、その

無意識を巻き込んで、集合無意識に「尽くさないと愛されることはない」という意識を集合無意識にオーダーを流し、「お金をたくさん欲しい！」という願いを発しても、潜在意識に〈頑張らないとお金は入ってこない。仕事は楽ではない〉なんていう刷り込みが入っていれば、その無意識を巻き込んで集合無意識にオーダーを流す。
「頑張って、誰かの言う通りに生きて、お金はやっと手にできる」そのカタチをオーダーしてしまう。そして集合無意識はそれらをしっかり見つけてきて、ある日自分の前に「尽して愛される相手」を引き寄せ、「頑張らないとお金が手に入らないドラマ」を引き寄せる。全ては自分が引き寄せている。

　目の前の現実は、顕在意識から潜在意識を通り抜けて（巻き込んで）、集合無意識にそのままを流した100％の自分の意識の結果。だから目の前に拡がる世界は、全て自分が宇宙にオーダーした通りの現実。集合無意識は、シンクロニシティを起こす場所。思った通りのドラマを作ってくれる相手を探して、目の前にその存在を連れ

てくる。だからこそ、潜在意識に、〈欲しいものは、苦労して我慢して受け取ることができる〉と教え刷り込んできた存在に、「それはアナタのドラマだよ」と集合無意識を通してしっかり戻すの。

0歳の頃は、何をしても許され愛され、願いが叶うと思っていた。その頃に戻るかのごとく、思ったままが現実になる、と思うためには、潜在意識の中の重い波動を自分の中から外に出すの。そして、潜在意識をクリアにして、集合無意識という宇宙に、まっすぐに、繋がる状態にしておく。望む現実を手にするための過程を難しくさせるパターンを手放して、あとはただ願う——。

集合無意識と直結。

宇宙と直結。

真直ぐな思いを届ける。

それを聞いた宇宙は、全力で思い通りのシンクロを起こしてくれるんだよ。

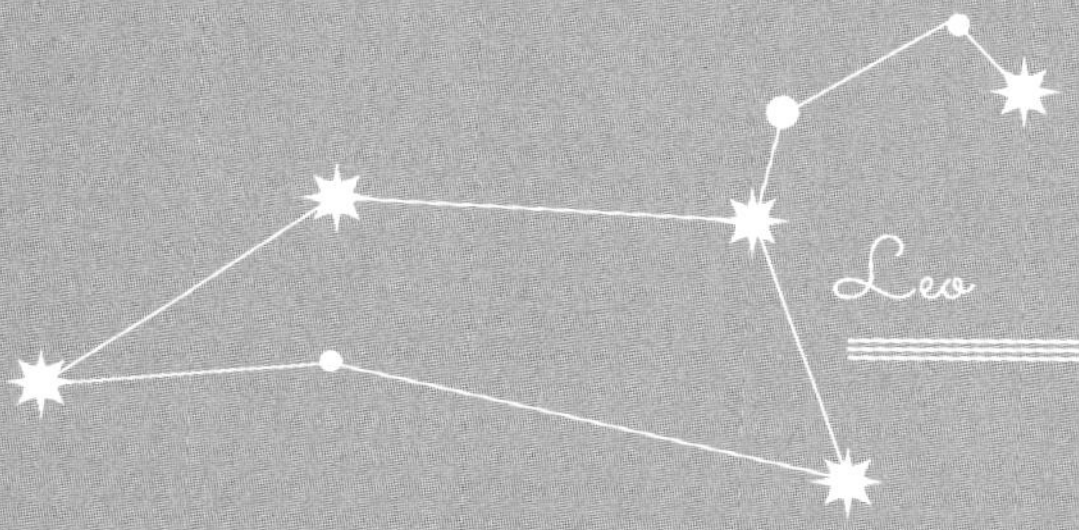

2016年8月3日

✸獅子座の新月石鹸

Chapter 10

✸

輝く！

✸

——もう悲しみ、怒り、恐れを原動力に生きる必要はないよ

Message put in Soap

{石鹸に込めたメッセージ}

キーワードは「輝く！」
獅子座新月のメッセージたっぷり込めました。
〜情熱と誇り高さ、太陽の存在感〜
……そんなテーマで作りました。

天然の素材たち

無添加のグリセリンソープ。
100％植物オイル、無添加の圧搾オイル。
シリカサンド。黄色・赤のカラージェル。
香りにはオレンジ・サンリズム・シナモンで
獅子座のエネルギーをチョイス。

Yoshimi

自分のWANT!と直結するシンプルな生き方は楽!!

ますます、自分がどうなりたいのか？　自分の中からWANT！がグングン湧いてくる。ワクワク・ドキドキ・期待・愛が湧いてくるのは、自分の周波数が上がっている証。

身体を重くさせる波動が自分の中から消えている。

気づくと、軽やかに毎日を、新鮮に過ごす自分がいる。

常に〈イマ、ココ〉にいる。

以前の自分がどれだけ、過去や未来にそして他人に意識を飛ばし、自分の身体の中に自分が存在していなかったかに気づく。

〈イマ、ココ〉にいると、過去に存在して、反省し後悔し、未来に存在して、不安や心配を探すことがなくなる。

「さて？　どうする？　どうしたい？」という問いかけしかなくなってきている。

そして、ただ行動するのみ。

立ち止まっているヒマなんかないのだ。

悩みがない状態。この「楽」さに、自分の中に存在することが楽しくて仕方ない。

そうこうしているうちに、自分を取り巻く環境がどんどん変わってきていた。

毎日、濃く充実した時間を共有する人との出会いの連続だった。

過去の自分とオハナシしたり、未来の約束をすることもなく、今、ココの時間を楽しむ自分がいた。そして、その時間を積み重ねて、明日はさらに充実した自分からのスタートだった。

自分の中の自尊心を尊重する生き方。

自分を抑えて他者を尊重する生き方からのシフト。

それは自分のＷＡＮＴ！と直結するシンプルな生き方だった。

腹の底から出てきたコトバは「楽!!」だった。

この楽!! さは、かつての重さと痛みと苦しみを常に携えていたからこそ、喜びと歓喜で味わえる状態だった。

だから、アタシが感じた「楽!!」な状態に、セッションや日常で出会う人たちをいざないたい。

そう思いながら迎えた８月。

どんどんと自分を生きることの楽しさを伝える言葉が深く強くなっていった。

そんな８月の新月後に、名古屋への出張セッション、出張講座のスケジュールがあった。

名古屋での仕事を終えてプライベートで大阪まで足をのばした。かねてからずっと行ってみたかった、アテルイ*の墓と呼ばれる場所に行くためだ。

唐突な話のようになるが、手相観を仕事として独立した５年前から、私が訪れる場所、目にする出来事に、全くもって知識のなかった、アテルイ・坂上田村麻呂の物語に導かれるような、様々なサインが日常に色濃くあらわれた。それが、自分のルーツや人生にとても似通ったシンクロを見せていた。

＊アテルイ：平安時代初期の蝦夷の軍事指導者。７８９年に胆沢に侵攻した朝廷軍を撃退したが、大敗した朝廷軍は７９０年、征夷副使に坂上田村麻呂を任命。７９４年から始まった第2回遠征で損害を受けた蝦夷側は、８０１年、陸奥出羽按察《あぜち》使兼陸奥守兼鎮守将軍で、征夷大将軍に任命された田村麻呂に完敗を喫す。アテルイとモレは、８０２年に田村麻呂が造営した胆沢城に投降。京に送られたアテルイとモレは、田村麻呂の必死の嘆願にもかかわらず、河内国椙山《すぎやま》で斬首となり、蝦夷の時代に幕が降ろされた。

大阪の、アテルイ・モレの墓といわれるその場所に隣接する神社の宮司さんから、坂上田村麻呂とアテルイの物語を伝え聞き、資料や小冊子も読んでみて、と渡された。その歴史を背景にして、友情のお守りとして売られていた坂上田村麻呂とアテルイの名前が刻まれたお守りも残りが見本の1個しかなかったのに、分けていただいた。

独立してからの5年の月日の中、様々なサインを通して、自分とシンクロするのは、アテルイの報われないエネルギーだと思っていた私。だけど、その大阪の地に存在して、しばしその空間に包まれると、アタシの中から溢れるとめどない涙の源にあったものが坂上田村麻呂のエネルギーだったことに困惑した。

友情。信頼。そこが報われないまま無念の涙を流しながら盟友を失った悲しみ。自己否定、自己嫌悪。田村麻呂のエネルギーが自分の中から溢れた。その体験は、まるで自分の身体が何者かに乗っ取られてしまったような感覚だった。知っているけれど、今世の自分の体験では得られないほどの深い悲しみや後悔。その背景にあるのはとてつもなく大きな愛だった。

身体を乗っ取られる感覚の中、湧き上がってきたコトバは、

「もう後悔無念の涙はいらない。両者違う立場であっても融合を純粋に願う思いを今世は叶えていきたい。裏切られ、後悔の念から頑張るエネルギーと決別して、思うように願うままに人生を創造していく。感情状況違えど、みな素晴らしい能力を持って存在している。違いにフォーカスする時代から、違いを尊敬して融合する時代へ」

というモノだった。

自分の人生とシンクロするからこそ納得できるそのコトバだったけれども、集合無意識を通して、物凄く深い、前世、前々世ほどの深い歴史を通り抜けてきたコトバが自分を通して湧き上がってきているのを感じていた。

そのコトバを受け取ったのは8月8日。

ライオンゲートが開く日だ。

奇しくも今上天皇が生前退位のご意向をビデオメッセージで表明する時間とあいまった。

「時代が変わっていく」

「もう悲しみを怒りを恐れを原動力に生きていく必要はないよ」

宇宙から注がれたメッセージは私を解放する言霊だった。

自分の中のカルマの清算。


ここから、さらに「自己否定、自己嫌悪、罪悪感、後悔、反省」は絶対にいらないモノです！

そう伝える私の思いもさらに力強いモノとなっていく。

みんな輝けばいい!!　そんな思いが湧いてきて獅子座のエネルギーにピッタリなタイトルとなった。

Sakiko

「依存のトラウマ体質」から「自立の解放体質」の神経系へ！

8月に入り、これはと思う講座を見つけては様々な心理療法の研修を受けた。確かにその中にはとても素晴らしい学びもあったが、不足感と焦りを感じると外側に解決を求めてしまう〈不足にフォーカスしている自分〉がまだいるが故に引き寄せた講座もあった。その癖がまだあることに気づけたことが、自分にとっては大きな収穫だったのかもしれない。かつてはなかった自分の中の違和感が、数々の講座を受けることで湧いてきたことは自分自身の変化の証だ。私の専門は神経系の自己調整とレジリエンス（回復力）。自分の全てを許していく強さと優しさ。それを忘れて、ついつい問題に焦点をあてた治療の講座を受けに行くと、宇宙から「そっちじゃないよ！」と言われているがごとく強い違和感を覚えるドラマが目の前で繰り広げられた。私が探求しているのは、自分の全てを許す、という癒しと解除へのアプローチなのだから。

そして、そういう違和感を覚える場にいればいるほど、心の中で、「一部の治療者の肥大した自我を満たすため、病んだ専門家たちの承認欲求を満たすためにクライアントはいるんじゃない！」と叫びたくなった。繊細な個人を社会枠に当てはめるための本来の魂のカタチを無視した無理くりなアプローチ。神経をめちゃくちゃにされているクライアントさんたちが私のところに来る。正常な反応だと納得。治療者が解放されていないとたんにツールに頼りだす、ツールのちゃんぽんに酔いしれだす、滑稽。治療という名の権力のもとの方法の詰め込み、プロトコルやパッケージプラン、解放されていない魂の単なる自己価値の低さのあらわれ。残念ながらその罠にはまってしまう自分。そして、ツールに頼って、「あれをやってこんなに楽になりました！」なんて言いながら何も抜けてない！　根本は何も変わらず、ただセッションを渡り歩いていたかつての自分。

お金に換えて私はこのことを知ったのだ。どうはぶかれても、叩かれても構わない。

「魂でしゃべってツールで流すだけ」良美先生が言っていたな、とその言葉を反芻《はんすう》する。

8月も下旬になって、良美先生が都内で「オハナシ会」をするというので出掛けていく。

「重く苦しい波動って、依存」というお話。

以前にも聞いていた内容だったが、新たな気づきとしてさらに深く自分の中に落とし込めていくのが不思議。依存が重く苦しい波動ということを改めて実感。依存つまりは不足感から自分以外のものを拠り所にしようとするところ。不足にフォーカスする癖は資本主義経済の消費社会では常に植えつけられている。私ももちろん例外ではない。セッションでも経済的なことを理由に自立できない方々のお話をよく聞く。なくなること、失うことを恐れる。本当は使ったらまた生み出せばよい。お金って自己信頼のあらわれなのだ。

〈豊かであるって、ほんとに素敵でね。セレブってね、バンバン使って、バンバン稼ぐ。失うことにフォーカスしないから、失うという現実が起きない〉と良美先生。なるほど。すべてもう持っている、ということに着地をすることのなんと馴染みが薄いことだろう、お金も愛も知識も。

〈もともと大富豪やセレブに生まれていないアタシは、0歳の時には「なんの不足もない」と思って、そのままの自分で何の不足もなく存在していた。でも、生まれた環境では、愛は失われ奪われ、お金は消えて、生み出すのも大変で、という安心と安定の真逆、不安と恐怖にどっぷり浸かる人生を見せてもらう場所だった。愛を失くしお金を失くして震えるドラマが、自分の中に刷り込まれた。

だから、愛を探しにいって、お金を探しに行く、という不足を埋めるドラマが当たり前なコトになっていた。それって、常に不足にフォーカスして、「ない」状態からエネルギーを循環させていく、「ないものを埋めるドラマ」でしかなかった。本当は、みな、アルんだよ。でも、それを教わってない。だから、アルことをしっかり自分に伝えていって、アル状態からエネルギーを循環させたら、常にアル、満たされている、という状態になるんだよね。……〉と。

常に「アル」か……。

自分の「魂のカタチを生きる」と覚悟と宣言をして、実際に生きてみる。それは、正直きつかった。セッション以降、思ったらトコトンやり抜く本質の自分が出現し、思うまま行動し、常に自分に何がしたいか、何が心地よいか問いかける日々を過ごしてきた。俳優養成所に入ったり、研修補助という丁稚奉公をやめたり、コラボで執筆を始めたり、結構な荒行をしてきた。結果的に変化のスピードが物凄く速かった。慣れていた状況が変わっていって、その変化に馴れるためには、自己信頼という強い精神力が必要だった。

これまで何かと自分を我慢させて保っていた均衡が崩れだすと決まって重い波動の誘いが来る。それに打ち勝って「自分の魂を生きる」を推進することは、迷いの連続だった。でも必ずと言っていいほど自分の魂のＷＡＮＴ！、ワクワクが羅針盤になることを教えられた。相手に対する本音の感情を宇宙箱に返し、手放すと、現実の中ですぐにクリアに答えがくる。

次は「ないものを埋めるドラマ」「不足という癖」からの脱却なんだな、と漠然と思い「オハナシ会」を後にした。

そんなある日、ふとした時に自分のインナーチャイルドが育ったと実感した。「まぁ、いっか」そんな軽い感じで降ってきた。自分の内側になんとも言えない平穏とほんわかしたあたたかさが生まれ、全身に癒しが広がる感覚だった。自分の中でカップの水が溢れるかのように、その波動はとても自然で軽くて心地よいものだ。もう周りの人々にいろんなものを投影して愛を試すドラマをしなくていいことを知った。

保育園でのつらい経験はいつしか自分が輝いて解放を伝えるための原動力へと変容していた。愛はもう自分の中に「アリ」続けていた。愛とは自分の中にある依存を抜くことで、他者との繋がりや関係性のことではないことに気づいてしまった。愛の讃歌とかでも歌われているように愛とは関係性や繋がりというとらえ方が一般的だが。自分以外のものに安らぎや慰めや承認を求めたときに、満たされないドラマが生まれてくるのだ。繋がりがあれば、心拍がある程度落ち着くので健康にはいい。「ふれあう」ことや「繋がる」ことはよい心拍の変動〈自律神経のよい働き〉を得るためのいわば、生物的な生存のための必然、なだけなのだ。依存があるとそこに執着が生まれ、ずっと安心するために相手に満たしてもらおうとする。そのかつての愛だと思っていたカタチが自分の中からさらに消えてなくなり、常に何かと繋がっている安心感で満たされていた。

軽い。身も心も軽い。

面白いことに、セラピスト自身が解放されていると高い波動、〈おそらくよい心拍の変動〈HRV〉のことだと思う〉は周りの人々やお客様に伝わり、そして、同期する。「気づきが癒しの神経モデル」〈次ページの①や②から③を経由して④に至る神経の変遷モデル〉になるのだ。

②の「支配と依存のトラウマ体質〈カオナシや昭和の演歌の世界〉」から③の自己調整といわれる安定した神経の時間を定着させ、④の「ワクワクと自立の解放体質」に神経系をただ導いていくだけでいいんだ、と。こうやって自分満たし装置がもう〈アル〉と。

魂のカタチを知って、依存を抜いて、重い波動を返していくと自然とトラウマが癒される現

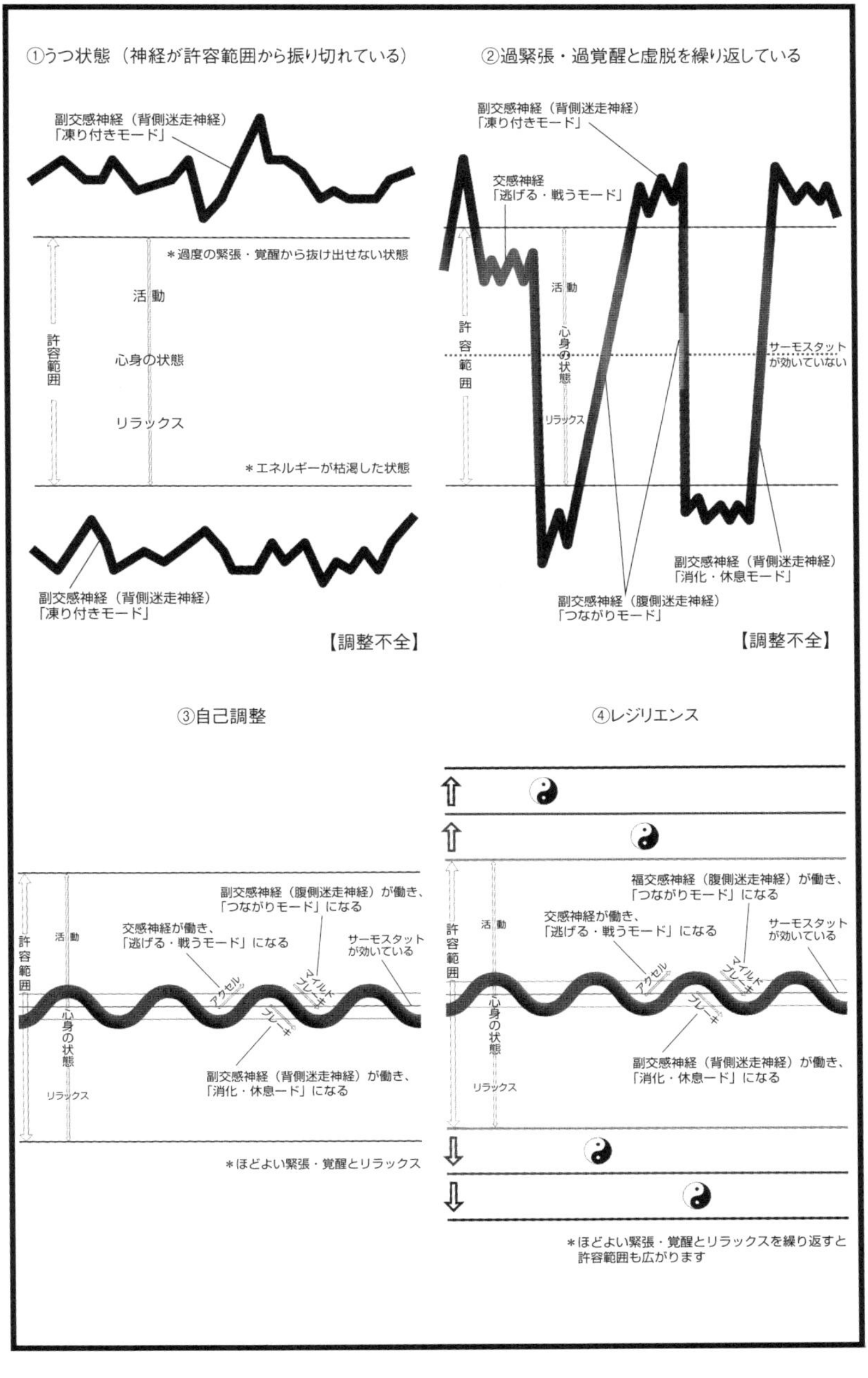

①うつ状態（神経が許容範囲から振り切れている）
副交感神経（背側迷走神経）
「凍り付きモード」
＊過度の緊張・覚醒から抜け出せない状態
活動
許容範囲
心身の状態
リラックス
＊エネルギーが枯渇した状態
副交感神経（背側迷走神経）
「凍り付きモード」
【調整不全】
②過緊張・過覚醒と虚脱を繰り返している
副交感神経（背側迷走神経）
「凍り付きモード」
交感神経
「逃げる・戦うモード」
活動
許容範囲
心身の状態
リラックス
サーモスタット
が効いていない
副交感神経（背側迷走神経）
「消化・休息モード」
副交感神経（腹側迷走神経）
「つながりモード」
【調整不全】
③自己調整
副交感神経（腹側迷走神経）が働き、
「つながりモード」になる
交感神経が働き、
「逃げる・戦うモード」になる
サーモスタット
が効いている
活動
許容範囲
アクセル
マイルド
ブレーキ
ブレーキ
心身の状態
リラックス
副交感神経（背側迷走神経）が働き、
「消化・休息ード」になる
＊ほどよい緊張・覚醒とリラックス
④レジリエンス
福交感神経（腹側迷走神経）が働き、
「つながりモード」になる
交感神経が働き、
「逃げる・戦うモード」になる
サーモスタット
が効いている
活動
許容範囲
アクセル
マイルド
ブレーキ
ブレーキ
心身の状態
リラックス
副交感神経（背側迷走神経）が働き、
「消化・休息ード」になる
＊ほどよい緊張・覚醒とリラックスを繰り返すと
許容範囲も広がります

象が日常で起きる（④の図）。そして、トラウマの持つ素晴らしいところに気づく。それは物事の深い真髄や真実が見えやすくなるということ。と、同時に図で示してあるような陰陽☯のような対極の要素を併わせ持てるようになるということ（177ページも参照）。

「ちっちゃい自分が生き抜いてきた、それが一番尊い」

良美先生との打ち合わせで出てきた言葉が脳裏に浮かぶ。より一層自分が愛おしくなるのだ。だから何が近道かというと、魂のカタチを一刻も早く発見して、その通りに生きること。もう自分のために生きることを許すだけで、自分もお客さんも、他人のために自分を我慢させる生き方からの解放が始まる。特別な働きかけをしなくても、神経系が勝手に癒されて変わっていくという事例がどんどん増えた。

（これが不思議、おそらく波動が上がっているのだろう）

自分で生きていくしかないし、十分できる！　自分探しはもういらなくなった！

「魂のカタチを知って、生きていく」＝「依存を抜いていく」と。

【良美コラム】洗脳・支配・依存からの真の解放のために～

セッションジプシーからとっととと卒業しよう！

世の中に溢れるたくさんのセッションは、とても優秀で、私が〈魂のカタチ〉と呼び伝えているものを、〈本当の自分〉と表現したり、〈自分らしさ〉と表現したり……。様々な占いやカウンセリングやチャネリングでも伝えているのは同じである。なので、大概クライアントさんは「いつも同じことを言われます」と述べる。それでもセッションジプシーが生まれ、分かっていても楽になれなくてもがき苦しむパターンのひとつを、私はのび太とジャイアンのドラマをたとえとして説明している（150pを参照）。

セッションで伝えられる、魂のままの、ありのままの、自分軸の〈自分〉を抑圧された時に、人は苦しみを感じる。その苦しみに気づき、感情を露わにするセッションも世の中にたくさん溢れている。人々は、その気づかなかった自分の本音に出会い、泣き叫ぶような体験をして、そして言う。「感情解放しました」と。

それは、私のセッションで言う、〈気づき、向き合い、味わい、うんざりする〉までであることがほとんど。その先に私は〈相手にしっかり伝えて手放す〉というイメージを使ったワークを提唱している（65ページ「手放しのワーク」参照）。

なぜなら、そこまでしないと、本当に自分の中から外に感情を出す、ということができていない状態を見てきたからだ。

良美が手を通してセッションをしてきた中で、伝えているのは、【あなたの魂のカタチをお伝えします】ということ。

セッションに来る方のきっかけになった主な動機としては、

「自分がいったい何者なのかわからない」

「自分が本当にしたいことが分からない」

「自分は何のために生きているのか分からない」

「自分はこのままこの道に進んでいいのか分からない」

「楽しい、幸せ、という感覚がない」

そんなことが多かった。

私のセッションの着地はすべて、

「皆、この地球に存在している人は全て、自分の魂のカタチを生きるために生まれてきた。喜びも楽しみも幸せも、自分の魂を抑

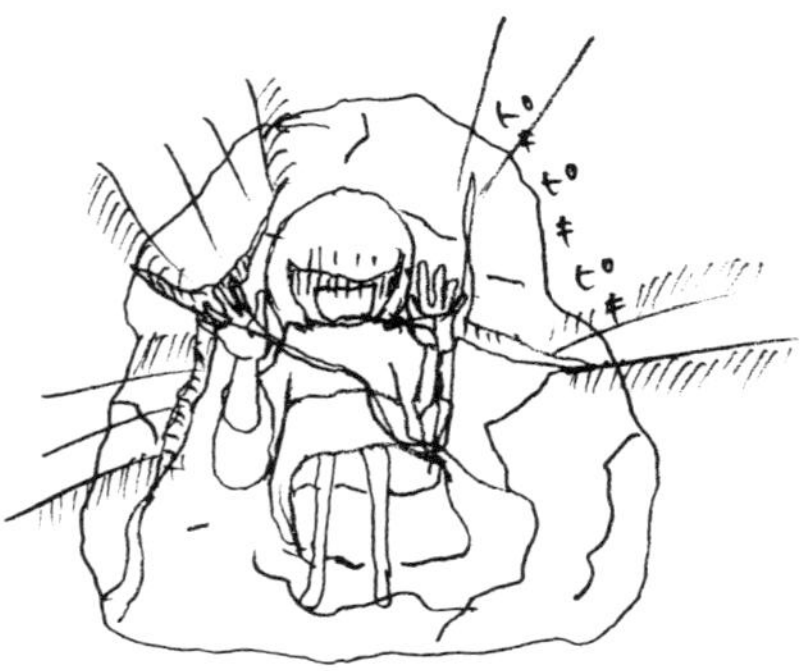

圧することから脱却した時に湧いてくるモノだよ」

そこしかない。

なので、セッションに来る方は、自分を抑圧して苦しみを感じられた時なのだ。今までの自分の在り方にうんざりして、そして、変わる準備ができている方。

苦しみさえ気づかずに、生きている人がこの世の中、圧倒的に多い。言われたまま頑張って、誰かのために存在していて安心できている人は来ない。

私のセッションには、自分の魂の声に気づいた方がやってくるの。

魂が引き寄せ合って出会う。

だって私は魂のカタチを伝えるのだから。お金のため、いい人になるため、そんなコトは伝えてない。

それでも、魂のカタチを伝えていく中で、さらに、もがき苦しむ方も多かった。それは、自らの魂のカタチを聞いたところで、そのままを生きることを自分が許さないから。自分が自分のままで良し、と言えるのは自立だ。ブレない自分軸がある。自分で方向性を決められる。自立の真逆にある依存は、誰かの承認を受け取って、自分に良しと言うパターン。

苦しみを生む〈依存〉という波動を抱えたままの人は、何度セッションを受けても、その先も、もがき苦しむ。もがいたら、やはり楽になりたくて、たくさんのセッションや占いやアドバイスを受け、講座に出て、セミナーに参加し、そして言う。

「これをやれば、変われるかもしれない!!」……と。

自分以外の何かに救ってもらえることを期待しているから。

私はこの状況を〈セッションジプシー〉と呼んでいる。

自分では変われる自信がないので、お金を投資して、誰かに変えてもらう状況。

私は信念を持って言う。

「誰もあなたの苦しみは取れません」……と。

宇宙からやってきた魂は、この人間という身体に転生して、全心身で生きて感じて、様々な癖をパターンを、自分で手放すために、転生してきたのだから。

いわゆる、自分の魂を自分が生きるために。それなのに、何かの施術で、高価なお守りで、この場所に行ったから……。

私は言う。「それだけで苦しみの源が取れるなんてことはないよ」と。

正直、見たことがない。そこから楽！　になった人。

頭では分かっている、という人はたくさんいる。でも、変化した人は見たことがない。

体験・経験からしか、変化変容は起きていない。

体験して、それを全身で表現している人は、もう、それを人生のライフワークとして仕事にできている。頭で理解して、学びを取り入れて、でも、自分自身を置き去りにしている人は、何も変わらない状況にいてもがく。

その状況を見るたびに、私は宇宙の完璧さに屈服してきたし、結局は自分、ということしかない現実を教えられた。

こんなにも、様々な情報が溢れている時代の中で。

実体験こそ全て、と。

世の中のセッションもありがたいオコトバも、全てはきっかけだ。

それを自分自身に照らし合わせて、自分で感じて、自分で手放すしか、魂に沁み込んだ依存という波動は手放せない。

私はそこを痛切に感じていた。


そこから、自らの癖を味わい、自らの意思で手放せる〈宇宙箱〉のワークを生み出して、ここ数年伝えてきた。


皆さん、本気で向き合った方は、オエオエする、という感想を伝えてくれた。そうだ、自分では見たくなくて感じたくなくて無視してきた部分なのだから。

でも、オエオエしながら自分の全てを許してきた方は、物凄いスピードで変化変容を見せてくれた。簡単にいえば、誰かのせいにして生きる他力本願な依存という世界から、誰のせいにもしない、自力本願な世界に存在する自立というステージに旅立っていく。そして現実で、宇宙と繋がり、たくさんのギフトを受け取り始めていた。

依存が抜けないまま、私のところにセッションに来た際、その方たちは「洗脳」をされている場合もとても多かった。

「この協会、団体、組織から抜けたら、私はたくさんの人を裏切るコトになる」

「生まれた子供が障害を持っているのは私のせいだ」

「私がこうだから、家族を苦しめてしまっている」

……数え上げたらキリがないけど、

「あなたのせいで不幸が起きている」

という言葉を受け取り、自分の感情を抑圧させて、何かのために頑張ることを当たり前とし、全心身ボロボロになっている方たち。


依存を持つ場合、依存を持っていることに気づくために、支配力の強い場所の麓に転がり込み、そんな自分のパターンを思い知らされる体験をしているだけなのだけどね。


何かのために、誰かのために、生きることから、自分のために生きる生き方にシフトしていく解放を伝えてきた私にとって、洗脳されてしまう方のセッションは、自分の軸を摑んでもらうまで、タフなセッションでもあった。

自分軸を摑んでもらうとは、実際は簡単なことでもある。

自分の中の怒りを許すのだ。

支配者の言葉に、自分を責めながら、懺悔《ざんげ》してきたその根っこの感情に、何があった？　と　聞くだけ。

みな言う。

「ふざけんな。なんでお前に私の全てを否定されなければいけないんだよ？」

「私だって一生懸命やってきたんだよ！」

痛切な叫びだった。

それを出すコトを良しと自分が自分に言えない。

依存が強いと、「それはいけないことだよ」と言ってくれる支配力の強い人の前で告白して叱咤されるドラマを作るからだ。

本当はアルのにね。自分の本音。

私はその怒りの感情にハナマルをあげる。

「当たり前でしょ？」……と。

その瞬間、その人から怒りや恨みや悲しみのエネルギーが湧き出てくる。

抑えてきたエネルギーが、肉体に沁み出してコトバとなって循環してくる姿は、とても美しいものだった。

その循環を自分に許せたら、出し切るだけ重い波動を出した後、その方からは、ワクワクも期待も喜びも愛も、高い波動が同じだけパワフルに出てきた。


こうしないとダメ、これをすれば大丈夫、こうでなきゃいけない……。

そういった枠にはめてしまうコトバは、自分を見失ってしまう。

そしたら聞いてね。そんなアドバイスを蹴っ飛ばして自分に聞いてね。

「どうしたい？　どうしたい？　自分？」って。

そして〈したい！〉方に進んで行動して、そしてその先に生まれる感情を味わう。

「こうしたい!!」と思ったコトが、まだ、誰かの、社会の賞賛を得るための選択なことも、安定を手放せないが故の選択でアル場合もあるかもしれない。

でも、とにかく進むのだ。そしてその先に生まれるドラマで感情を味わって、苦痛なら、また、楽な方に進めばいい。

難しく考えるな。自分の本当は、シンプルだよ。

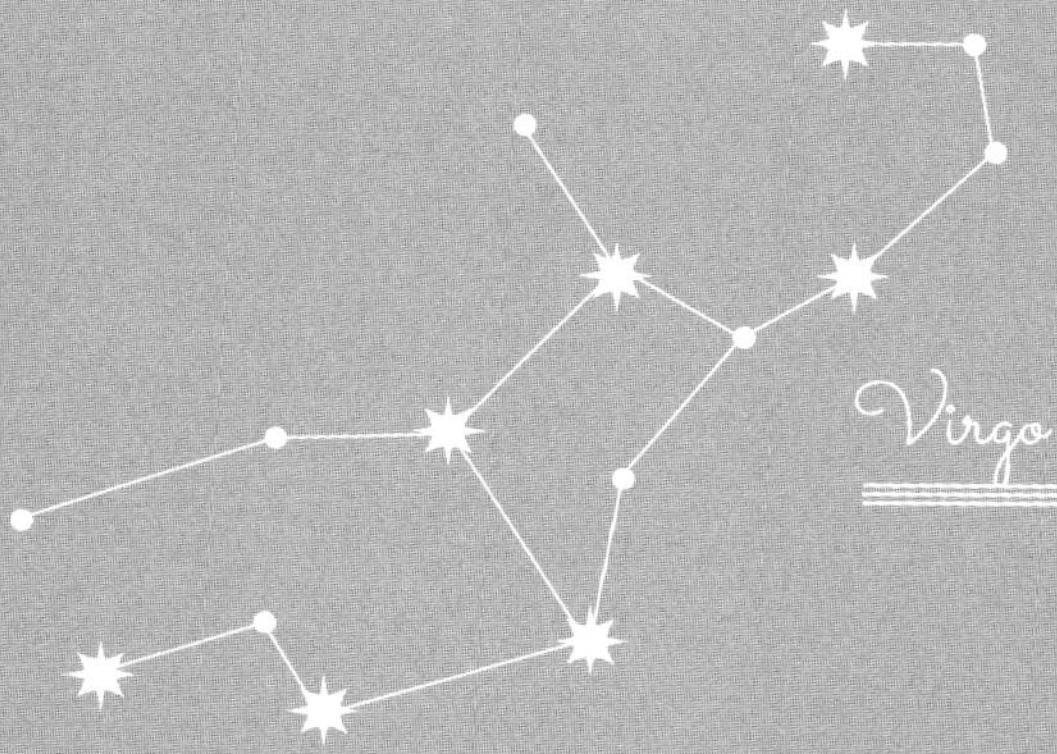

2016年9月1日
✸乙女座の新月石鹸

Chapter 11

✸

リアル＆本物のコミュニケーション

✸

——スピリチュアルと神経科学の融合を
発信していくミッション

Message put in Soap

{石鹸に込めたメッセージ}

キーワードは
「真実の本物のコミュニケーション」
乙女座新月のメッセージたっぷり込めました。

天然の素材たち

無添加のグリセリンソープ。
100％植物オイル、無添加の圧搾オイル。
シリカサンド。青色のカラージェル。
香りにはクラリセージ・パチュリで乙女座のエネルギーをチョイス。
ハーブはラベンダーです。

Yoshimi

宇宙からのメッセージをただ伝えて宇宙に全てを委ねる

8月後半から、良美はバリ島に遊びに行く。離婚後バリに滞在していた元夫とも久々に再会。難病もみるみる回復しており、かつてバリで出会った頃の元気で陽気な彼の姿に戻っていたのを見て、互いの選択が最高最善であったことを笑顔で話し合った。

バリでは、様々なコトを読み解いてくれるチャネラーくんに会う。良美の今後や、2016年から向き合っている執筆全般に関して様々なアドバイスをもらう。

一番響いたのは、執筆の内容を何も言っていないのに、

「私たちは何処から来て、何をするために生まれて、どこに向かうのか？」という内容を書くのだよ、と言われたこと。

それから、その本は私よりも若い小柄で可愛らしい女性と共著するということも。

その通りだ。私は咲子さんと執筆を共同作業で進めている。

咲子さんの写真を見せると、チャネラーくんは「そう！　この女性!!」と声高に叫んで親指を立てた。

最後に2017年2月末までに全て書き上げるように集中して、と何度も厳しい表情で言った。書き上げる時期については何度も何度も復唱させられた。

私はどうして2月までに書き上げることに固執するのか分からないのでポカンとしていると、「Ｙｏｓｈｉｍｉ、これは宇宙からＹｏｓｈｉｍｉへのテストなんだよ」と言われた。その時にまっすぐ瞳の奥まで覗かれて訴えられたので、心臓がドキンと大きく脈打った。

宇宙からのテスト……。

その言葉が細胞全てに響いた。今まで、展覧会でお芝居でオリジナルな文章や脚本を書いてきた。モノを生み出す時のエネルギーはヘドが出るほどしんどい作業だということは嫌というほど知っている。だから無意識に避けてしまう私がいた。「テスト」という言葉は、そんな私の逃げ腰な姿勢を捉えて抑えつけられてしまったような恐れがあった。

今までの人生のパターンが、そのテストをクリアすれば全て変わるから頑張れ、と言われた。お金も愛情も今までとまるで変わると。

そのテストに不合格にならないように、とにかく頑張れ、と言われた。

2月までに書き上げた文章は、そのままのカタチで本になるから、頑張れ、と。

そしてこれは宇宙からのメッセージをただ伝えているんだから心して聞くようにと再度釘を刺された。

もちろん、そんなことを言われなくても頑張りたい自分はいたが、気持ちが緩《ゆる》んでしまわないようにという意味だったのか、いくつかの伏線が張られた。

今後日本で起きる地震の予測や私の近所で起きる今後の事件や流れなどの予言。それを聞かされ、それが起きるたびに、僕の言ったことが本当なんだと思い出してね、と言われた。

忘れていたこともあったが、バリで聞かされた場所に地震が起きたり、予言通りに近所に救急車が来ては、ピリリと宇宙から「良美、気を抜かずに執筆してるか?」と言われた気になって、気持ちを引き締めることが何度もあった。

いつ企画書を出版社に送るといい、などのアドバイスももらったので、後日談だが、それに従ってこの本の企画書と原稿を一番望む出版社に郵便で発送した。

〈ヒカルランド〉さんだ。

11月の射手座の新月、11時11分にポストへ投函。

あとは私たちの力量を出し切ることしかない。それ以降は宇宙に全てを委ねるのみだ。

この内容を広めたい。

その思いでしかないが、できることはやれることは決まっている。

私たちはただただ行動して、あとはその結果が出ることを待っているのみだ。

Sakiko

宇宙の波動を生きるために助けとなる自律神経メンテナンス

良美先生と初めて群馬の先生のサロンでミーティング。

出版社も決まっていない。なんにも決まってない。

「でも私たち必ず引き寄せられる！」

そんなどこにも根拠がない自信と確信で話はどんどん進んでいく。これまでの打ち合わせや執筆が無駄になるかもしれないのに。それでも良美先生と私は自分をさらけ、そして信じていた。

打ち合わせの休憩中、上州名物だよ！　と良美先生に連れていかれたお店で、唐揚げとチキンカツの夢のコラボ、「鳥合わせ定食」を食べながら、私は以前共著になって没になった本の話をする。さもビジネスパートナーのように振る舞っていた口先だけの調子よい共著者。打ち合わせには、ろくに準備もしない男。すぐに自分の境遇や置かれている状況を犠牲者のように語り同情を引く。情にほだされやすいお人よしの私は分筆のはずなのに、百数十ページ中、ほとんどを私が書いた！　結局4ページしか書かなかったその男にやる気を削《そ》がれて、落ち込んでばかりいた。

その「4ページ寄生虫男」の顔がちらつく。捧げないと愛されないという癖がドラマとして浮上しただけだ。ムカつく。死ねばいいと本気で思った。利用された怒りや悔しさを全部、宇宙箱に入れて集合無意識に投げた。苦しい作業だ。でも、二度とこんな奴は引き寄せたくない。結界をちゃんと張る。仕事相手とは私情に惑わされず、イーブンでちゃんと仕事していく、そう心に誓う。当たり前のことだ！　対等に、平等に仕事ができないのなら、とっとと降りてもらう。

あの打ち合わせから数日が経ち、良美先生とメッセンジャーやメールで頻繁にやりとりをする。新月石鹸とともに二人のセラピストが繰り広げている依存抜きのドラマを綴《つづ》っていくという大枠を作った群馬の日から、加筆したり、訂正したり、執筆したりをお互いに重ねていく。覚悟ができている人とのコラボの清々しさに、私もやる気が湧いてくる。

この本を世に出すということ、ちゃんと道を整えてくれる宇宙を信じること。今自分のクライアントさん、受講生さん、スーパーヴィジョンを受けに来てくださる専門家の方々にこの本の内容を伝えたい。

「解放」。

魂のカタチを生きることを生身で実践して「解放」されていくということを。

そのあとさらに、「なんか抜けたな」という瞬間が来る。思ったことをさらっと言える範囲が増えていく。よっぽど危険な場合以外は結構心地よくさらけている。この抜け感はなんだろう？　ざわざわが減った！　不穏でいることが少なくなった。軸ができた感じ。エネルギーを他人ではなく、自分の方に向けるということが意識的にできるようになってくる。

ベクトルをちゃんと自分に戻す。自分に集中できればできるほど、動きたくなる。宇宙の波動はとにかく自由で軽やか。無邪気でいられながら知性も使える。本のコンテンツ、講座のヴァージョンアップ、講座内容、アイデアが押し寄せてくる。セッションがクリエイティブになっていく。自分で発見したり、作ったり、それを発信していくスピードが急に速くなる。

解離性同一性障害、統合失調症と言われる人々に「魂のカタチ」を身体のサーモスタット機能*を働かせながら伝える。信じられないほど、反応がよい。混乱していた神経が落ち着いていき、少しだけうるっとする。感動の波動。「ありのままの自分」が覚醒してくるのが目に見えて分かる。それほど彼/彼女らは純粋に繊細にこの世界に存在しているのだ。

＊身体のサーモスタット機能：神経がちょうどよく覚醒しながらも落ち着いていて「今、ここ」の感覚が得られている状態。自律神経系でいうと腹側迷走神経系と休息と消化モードの背側迷走神経系の働き。５つのエクササイズとしてこの神経系を刺激することを被災地で実践している。

固定観念や社会枠ではない「魂のカタチ」を生きるためのコンディション作り。スピで言われている波動、周波数が良くなる（上がる）とは、神経系が調整力を帯びる時間が増え、キャ

5つのエクササイズ

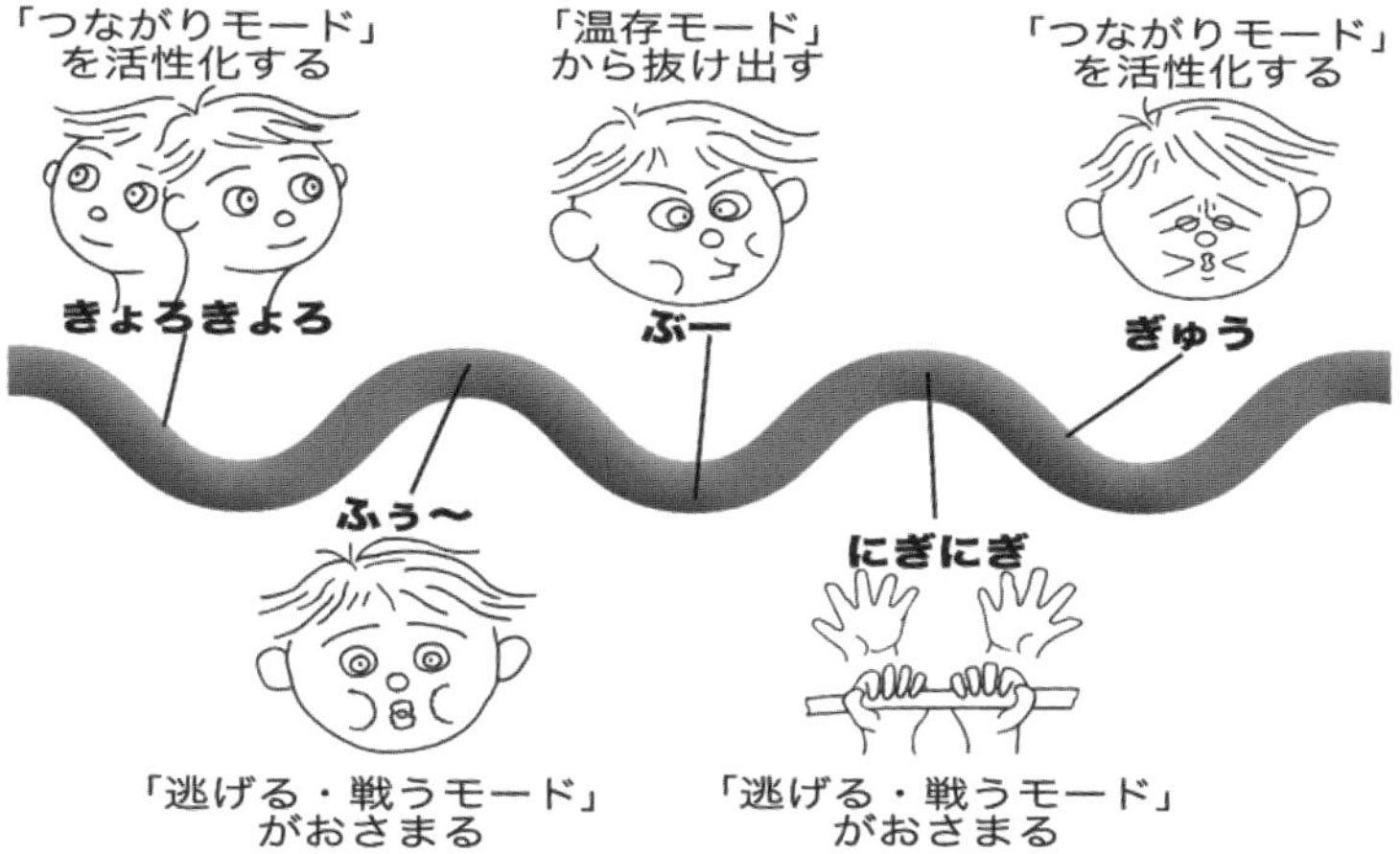

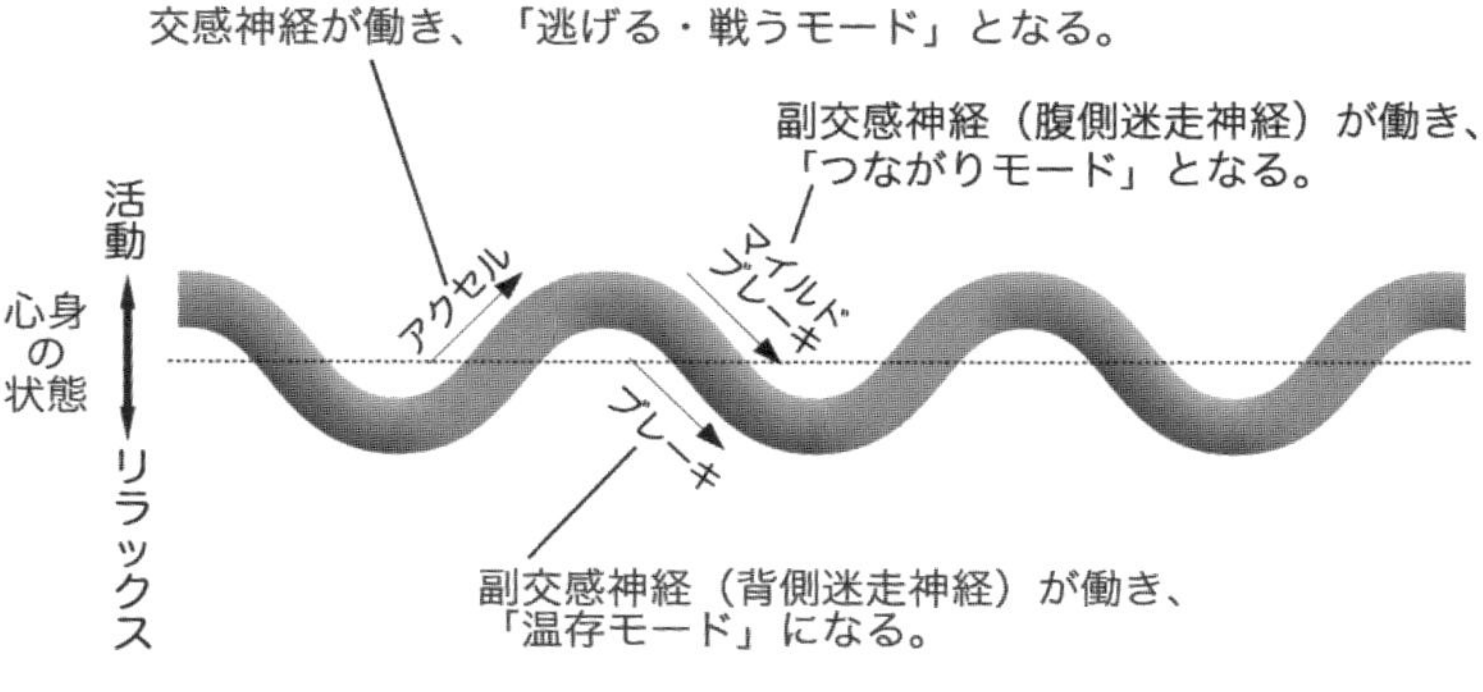

詳しくは『自律神経セルフメンテナンス』（ratik 刊、2015年）を参照

パが広がっていく、ということなのだ。

発信したいものの一つにスピリチュアルと神経科学の融合がある。魂のカタチを知って実践し、さらける、いわば、ガチでスピする「ガチスピ」生活をする。宇宙の波動を生きることを試みると物事の流れの速さに肉体がたまに悲鳴を上げる。神経のサポートなしに「ガチスピ」生活をすると、調和が崩れてしまう。そんな時は自律神経のエクササイズ、「魂のイゴコチ」を整える簡単な5つ（前述）を繰り返してほしい。このエクササイズはサーモスタット（温度調節）機能のように稼働し、ワクワクによる興奮と感動で高揚した神経系を静穏化させてくれる。この地球にしっかりと足をつけながら本気と本音で、宇宙枠で生きていく。


そんなある日。些細なことで交際相手と言い合いになった。お互いヒートアップしていく。よくある男女の地雷を踏み合うパターン。話はなぜだか、お互いの仕事の立場のことになりついには罵倒された。実はお互い相手の仕事のことなんてさほど知らないのに……。

「お前は親に甘やかされてきたから分からないんだ!!」と彼。

自分を抑制することがなくなった私。今は彼の立場やプライドを考えて、自分を小さく見せることができなくなっていた。

「なにがお前だ！　人を指さすな!!」怒鳴り返した。私の中から怒りがこみ上げてくる。

たかが仕事の話ぐらいでこんなに傷つけられる関係、そんなの私幸せなの？　こんな関係なくても楽しく生きていける！

かつては、彼のご機嫌をとろうと、彼の軸で自分の行動を決めていた私が、彼を通して自分自身に問いかけて、そしてその感情を味わっている。

……そのあとしばらくはお互い冷却期間。向こうからメッセンジャーをくれたとき、正直うれしかった。そして私の中に気づきが降ってきた。

「そうか！　やっぱり宇宙は完璧なんだ！」……と。

ついつい抜けきれない癖で、今までのように気遣いをしようとしてしまう私だったが、この人を心配したり気遣ってエネルギーを使うと、徒労に終わることを如実に見せてくれることに気づけた。

相手に合わせて、自分を我慢させてきてしまったから、あんなにも怒りが湧いてきたのだ。自分勝手でいないといけない相手。一緒にいるときだけ集中し、後は忘れて自分のことに集中していればよい。自分を捧げなくてよい、むしろ捧げないほうがうまくいくのだ。

こんな人は初めてだったから、戸惑ったり、喧嘩になっていたけれど、この彼は私の癖の解除に必要な人だったんだ。今の自分の課題・テーマに合っている。自分も含めて、魂を生きる人は、今までの常識を覆す、社会枠をはみ出た宇宙枠で生きる宇宙人なのだ。彼もまた宇宙の波動を持った宇宙枠で生きる人間だった。

家族とはこうはいかない。いつも他人を気遣って、与えること、自己犠牲を払うこと、道徳的でいることが重んじられる家庭に生まれ育った。他人に惜しみなく与えることをモットーとしているような家族。自分のことよりも他人のことを優先にしなくてはいけなかった。だけどもう相手がかわいそうだと、そう簡単に明け渡さないようにしよう、と心の中で笑った。それは私に刷り込まれた他者のカタチなのだ。私の彼も魂のカタチを生きているのだ。そして私はその彼を引き寄せた。みんな自分勝手でいいのだ。パートナーシップの前に、まず自分を喜ばせることをしていこう！

それらの気づきはますますプライベートや仕事の関係にもじわじわと浸透していった。あえて自分をディスって小さく見せるのが当たり前だった私。かつての知人、仕事関係者は、私の変化に即座にそして、敏感に戸惑いや反発を見せた。我慢して相手に合わせたり、相手の事情を優先させることに細心の注意を払わなくなった。

ちょっと前の私であれば、不満さえ笑顔で誤魔化して我慢してきたが、感情を伝えた結果、「かげバン」のように恐れられる場面もあれば、ちゃんと尊重してもらえることもあった。「ストップディスられキャンペーン」を遂行したら何気に周りは理解してくれ、むしろ愛さえ感じるときがある。自分の波動が変わると、宇宙はギフトをくれる。宇宙にとっては頑張りや努力よりも解放が尊いのだ。

もう一つ。新しいオフィスを探したら、波動の高い人たちとのご縁に恵まれとんとん拍子で見つかった。後日談になるが、またそのご縁でなんと自己調整力アップの絵本『はるちゃんのおにぎり』（前述234ページ）を出版できそうな出版社さんまで紹介してもらえた。年末には社長さんから「うちで出させてください！」とのお返事を頂き、年始にはもうストーリーの肉付けの話をしていた。

宇宙にオーダーしたものが思いつきや気づきとなって、2～3日後に現われたりする。不思議だ。自分に正直になればなるほど、それを真摯《しんし》に受け止めてくれる人たちが周りに増えた。自分にだけエネルギーを使えばいいので、実際のところかなり省エネしている。他人にどれだけダダ漏れをさせていたことか……。体にもいい、神経伝達物質が燃費よく働いている感じだ。あまり疲れなくなって、いろんなことを半分以下のエネルギーでこなせる。エネルギーがないことを嘆く時間すら減った。韓流ドラマとまではいかないが話のテンポが小気味良く痛快だ。

仕事では、専門家の方々が真剣に私の話を聞いてくれる。昨日の気づきをいろいろ実証して組み合わせて出しているだけで、循環させたエネルギーが思った以上の対価となって返ってくる。技術とお金の交換を存分に楽しんでいる。軽い波動。宇宙はこうやって「カタチ」を生きるとグンッと引っ張ってくれる。

協会との関係も変わった。別に辞めるわけでも、対抗するわけでもない。
今まで受けた悔しいこと、疲弊したことはイメージでドラマの相手に全部返した。

現在は結果的に、習得した技術は使いながらも独立して自由でいられるあり方で協会と関わり合うことができている。イヤなモノから離れるか我慢するということが解決ではなかった。行動したのは自分の固定観念を壊しただけのことだ。自分をしっかり通してもいいと自分に許可を出しただけ。もちろん、研修へのただ働きはもう一切しない。

自分軸で自分の時間を極力犠牲にしないことを体現している。


ここまで来るのに約1年かかった。

魂のカタチを生きるとは生ぬるいことではない。


全感情を全て許すことが自分を愛すること。見ないようにしていたところ、否定していたところを「そうだね、全て正しい、当然だ。これが私の中に生まれた感情エネルギーなんだもん。これを味わうためにこの世に来たんだもん」と一見、愚痴、不満、やっかみ、嫉妬……と悪感情として扱ってきたことを大事にしてあげる。

どんなに理屈が通っていなかろうが関係ない。堂々と、そしてあるときは笑い飛ばしながら
「うるせぇ、手がかかる、めんどくせぇ！」

「アイツ、うっとおしい、死ねよ、ばーか！」

「はっ、美味しいとこどり、私がしたいわ。ふざけんな、どの面下げて！」

ちゃんと宇宙に返す。重い波動を持たなくなると、そこにあるのは周りに期待が減って、自

分にワクワクしているだけの愛の波動だった。自立している波動。

そしてふとした時にまたさらに波動が上がったことに気づく、依存や外への期待が少なくなっている。いや、依存すら愛しいものとしてかわいがれる。自分に愛のエネルギーが溢れるのだ。この時代、この惑星に生まれたことは、自分のために生きていいということを伝えるためなんだ。誰がなんと言おうが間違っていると言われようが、どんだけ社会的に見て常軌を逸してもいいのだ。既存の道徳や倫理から見たらわがままと言われるかもしれない。それでいい！私の魂が心地よくて望んでいることなら、お金も時間も労力もかける。どこにでも行って自分のＷＡＮＴ！で生きる。それをやってみると宇宙が見せてくれるワクワクする流れ、出会い、この世の摂理の美しさ完璧さに感動する。波動が高いもの同士が集まって、繋がり、コラボが起こる。それもすごいスピードで！　自分満たし装置があると逆説的だけど孤独じゃなくなる。波動の高さに触れたくなって自然と人が集まってくるからだ。人との縁がお金も運んでくる。しかも捧げて愛されるのでなく、存在するだけで愛される。相手・他者を満足させる、楽しませる、安心させることを喜びとしなくてよいことはなんと楽なことか！　この解放の楽しさを、快適さを言霊・波動・振動として伝えていくだけ。

芝居もまた自分のペースで再開。今度は江戸時代の劇場文化にふれながら、人情劇を学ぶ。文語での芝居。絵本の朗読も習って自分のクリエイトした絵本を読んでみたいという夢もできた。さらに感情のエネルギーを自分の趣味に正しく使う。ワクワク生きる私のセッション、また変わりそう、いや、もうセッションすらいらない、別のカタチがあるのかもしれない。

生み出し続けていく自分に期待しているのだ。……かなりワクワクする。

WANT全開で生きていたある日、ふと気づいた。

「宇宙にもうオーダーなんてしなくても目の前のことを楽しくやっていけばよい」

……まだまだ依存抜きのドラマは繰り返されるだろう。


つづく。

〈予告〉
2017年3月　乙女座の満月キャンドル〜私は私を癒す
自立し合った者同士のパートナーシップ

Epilogue

〈覚悟と宣言〉を宇宙にオーダーしてから出版実現までの奇跡の引き寄せプロセス

〈良美〉たくさんアル魂の癖を次々と解除する日々。そして宇宙テストに合格！

２０１７年５月末……振り返ってみる。

２０１６年１月の新月に思い描いた、

「自分がこれまで全国各地で伝えてきた〈魂のままに、ありのままに生きる方法〉を本として出版する!!」という覚悟と宣言を宇宙に届けた時から、今に至るまでの日々を……。

本を生み出す、というゴールにたどり着くまで、覚悟と宣言を聞いてくれた宇宙が、私に見せてきたモノは、

「良美の中で手放せていない重い波動、魂の癖がまだまだたくさんアル」

という事実を知るドラマだった。

既存の情報を執筆すればいい、なんて生ぬるい話ではなかった。

毎日毎日、ただひたすらに自分に集中して生きるコトでしかなかった。

たくさんアル魂の癖に気づき、うんざりして手放す、という波動を上げていく実践の日々から、結果的に、深い魂の声に気づき、それがそのまま実録として書き進められるカタチとなったのだ。

振り返ると、この作品の完成は、自らの魂を生きて、様々なハードルやテーマをクリアしなければ……現実とならなかった、と思う。

だから、自分に言ってあげるんだ。

「宇宙テスト、合格おめでとう‼」……って。

本作品は、～波動の癖を治したら宇宙は全部願いを叶えてくれた！～という引き寄せを書いている。

そう。皆様が今、手に取ってくださっているこの本が、宇宙から引き寄せられた最大のギフトでアルことは言うまでもない。望む最高なカタチで結果を受け取ったのだ。

2016年1月に覚悟と宣言を宇宙にオーダーしてから、出版社も何も決まっていない中、共著者の浅井氏と、とにかく打ち合わせを重ね、しっかりとした読み物となるよう、全身全霊で書き続けてきた。絶対に私たち、出版できる！　とただただ宇宙を信頼してきた。そして、引き寄せられたこの結果を皆様と共有しているコトで、皆様も、宇宙を信頼して自分のできることだけに集中すれば、願いは叶う、というコトを実感していただければとても幸せだ。

本作品では、２０１６年9月で、実録が終わっているので、エピローグでは、その後の出版までの流れを書くことで終わりにしようと思う。

本文中にもあったように2月末までに、私が担当する執筆を全て書き上げる、という宇宙からのテストがあった。9月以降は、ただただひたすら、書き続けた。何度も推敲《すいこう》して、１００%の自分を流せていない部分に気づけば、自分と向き合いながら、本音と向き合いながら、書き足して、深めて、さらけていく作業で書き上げた。もちろん、浅井氏とも互いに、生ぬるい表面的な表現があればそれを伝え合い、訂正していった。

２０１６年10月頃には、おおよそのカタチが仕上がってきたので、いよいよ出版社をどこにしようか、明確に絞り込む作業も始まった。

そのために、企画書を1ページにまとめ、本の目次、そして私と浅井氏のプロフィール、それから、30ページほどの原稿を封筒に入れ、準備を整えた。

２０１６年11月の新月、11時11分に企画書と原稿の入った封筒をポストに投函した。

「宇宙！　よろしくお願いいたしますっ!!」……と。

もちろん、宛先はヒカルランド。社長宛だ。

それから年末を迎えるまで、執筆は互いの空いている時間を見つけては地道に続け、会えない時はスカイプで打ち合わせをした。

2016年も残すところ1日、という年末のスカイプでは、「ヒカルランドさんから何の連絡も来ないね……」との会話も出始め、「宇宙に任せているだけだから、年が明けたら、違う出版社にまた企画書を送ろうか。どこにしようかね」なんて話をして、次の候補の出版社を決め、仕事始めになったら早速動こう、と言って2016年最後の打ち合わせを終えた。

2017年1月4日、
私も浅井氏も、正月休みを取り、4日からが仕事始めだった。

仕事を始める直前、浅井氏から連絡が来た。

「ヒカルランドの方から連絡が来ました。会いたい、とのコトです」

「なんていう人？」

「石井さんという男性です」

転送されたメールにあるその名前をネットで調べた。

「え？　それって、社長さんだよっ!!」

私の中でアル何かが渦巻いて爆発しそうだった。

4日の仕事始めには、集まったお客様たちと、仕事の最後に皆で書き初めをした。

私の書き初めは「ヒカルランド」だった。

世界中を飛び回る浅井氏と、すでに1月のセッションの予約が埋まっている私、そして多忙極めるヒカルランドの石井社長と溝口編集長の全員のスケジュールが空いている日はたった1日、1月9日しかなかった。

これも宇宙の采配。

全てうまくいくのだ。

1月9日、
神楽坂のヒカルランドで待ち合わせをし、そのまま打ち合わせとなった。

打ち合わせが始まって間もなく、石井社長より
「出版しましょう」

という言葉を聞いた。

話の流れが速すぎて自分自身がついていけないくらいだった。

石井社長曰く、1月1日にヒカルランドで仕事をしていたところ、11月の新月に投函した私たちの企画書・原稿が入った封筒がふと気になったという。

11月の段階で、封筒は見ていたらしいが、忙しくて読んでいる間もなく、そのまま、次々と、元日までも送られてくる書類の山にすでに埋もれていた私たちの封筒が、「気になった」、というのだ。

「理由は分からないけど、これは読まなきゃいけない、と思った」

と石井社長。

「で、読んでみたんだよ。そしたら面白かったんだよ」

と。

「それから編集長が出勤した際に、〈これ、読んでみて。なんかアルよ〉って渡したんだよ」

と石井社長。

「読んだんですよ。そしたら、骨太で面白かったんですよ」

と、溝口編集長。

その日から、私と浅井氏の執筆は出版決定、というリアルなステージに突入した。

2月末には、きっちり、私自身が担当する箇所は書き上げる旨をお二人に伝えて、まだ完成していない原稿と向き合う日々がその日からの約2カ月、始まった。

2月末に原稿を書き上げた後は、その内容をさらに分かりやすく感じてもらうためのイラストや漫画を描いてくれる方を探した。

本書の中に、イラストや漫画があるが、そのイラストを描いてくれたイラストレーターさんも、〝みらくる〟な流れで出会え、そして30点ほどのイラストをたった1週間で描き上げてくれた（詳しくは劇団 松本良美のＨＰ〈出版までの道のり〉http://gekidanyoshimi.com/feature/shuppanmadenomichinori/に書いたので、ご興味アル方はそちらをご一読ください）。

そして、3月4月と、溝口編集長との打ち合わせやメールのやりとりを進めながら、「新人作家だから、満を持して発売を迎えられるよう」5月18日には、約2カ月以上の期間を設けての予約販売がアマゾンにて始まった。

本を出版する側として、世間的には認知度がまだまだ低い私。この新人はどんな人なのか？どんな内容が書かれているのか？　その部分を知ってもらうための話題作りを努力しているのが、このエピローグを書いている現在の状況だ。

いったいこの作家が書いた作品は売り上げを出すことができるのか？

「新人作家が本を出版するのは厳しい時代」溝口編集長が言っていたコトバが、今は、現実のコトとして身に沁みる。それと比例して、出版を決定してくれたヒカルランドさんへの感謝の深さとなっている。

石井社長が封を開けて原稿に目を通してくれた際、プロの方たちの心を動かした原動力は、本の内容でしかなかったんだ、とつくづく感じる。

石井社長は、私が「なぜ気になったのですか？」と、問うた時、「分からないんだよね。なんとなく……」と言った。

感覚、だ。この感覚に働きかけてくれたのが、宇宙だと思っている。

集合無意識から、思いを現実化してくれる人を探し出し、実際に同じテーブルにつく、というシンクロニシティを起こしてくれるまでを、最高最善のタイミングで引き寄せてくれたのだ。

現在は2017年5月末。

より多くの方の元に届き、表紙を開き読んでもらえるよう、大きな波が起きるための〈うねり〉を作り続けている真っ最中だ。

本を出したい！　から始まり、執筆をし、本のカタチまで整ったら、そこで終わり、ではなかった。まだまだ、コレカラ、ということを痛感している。

本を生み出す行為というのは、子供を産み育てる行為と同じだと思った。

自分の中のエネルギーを社会に出すというコトは、自慰行為、自己満足の世界ではなく、パートナーが必要だった。独りでできるコトではなかった。

私にとっては、共著者である浅井咲子氏、そして、出版社のヒカルランドさん、そしてこの本の編集担当となっていただいた溝口編集長だ。そして、この作品が自ら新たなステージに立ち、広がっていくためには、たくさんの方の思いや応援、いわゆる〈愛〉という振動を与えられるコトで鼓動を持続し続けるコトができるのだ、という大切なことに、心の深いトコロから気づかされた。

１００％さらけて生み出した、愛すべき……子供だ。

出版が決まって、たくさんの方の手に届いたら、きっとこの作品は必要な流れに乗って歩んでいってくれると思う。その、ステージに上がるまでは、生み出した作者として、愛の振動を与え続けているのが、この5月の私の気づきだった。まさしく、愛を込めて、育んでいるのだ。

手にしていただいた方に、たくさんの愛が湧き上がりますように。
感謝を込めて。

追記：この本の最後は、つづく……。で終わっているが、その通り、本の執筆を終えてから、新たに人生の次のステージが幕を開けた。コトバにしたことは本当に現実になるコトを実感。

２０１６年の出来事が遠い昔のコトのように、２０１７年の毎日も、楽しさと気づきに溢れ、思い描いて願ったことが、ありえないスピードで、引き寄せられるシンクロニシティ、そう、宇宙劇場が日々繰り広げられている。

ただ、自分を生きているだけで、２作目も執筆している自分が目に浮かぶ。

あとがき

松本良美

ここ数年のクライアントさまたちの流れの変化として。

２０１４年あたりまで、セッションに来てくださる方は、スピリチュアル、精神世界、潜在意識……etc. そんなコトにもともと興味ある方が多かったです。

２０１５年からは、社会的に責任を持って活動している、いわゆる現実世界を一生懸命生きてきた方。特に男性や、会社経営している方、など、「～のために！」と努力してきた方がセッションに訪れることが多くなりました。そして、皆様、口々に言います。

「いろんなことの結果を残して今も、責任やカタチは継続していく必要があるけれど、この先、自分はいったい何をしたいのだろう？　何をすればワクワクするのだろう？」

そんな内容がとても多かったのです。今までは何も考えずに、やるべきことをやって、手にしてカタチにして満足できていたものが、成果・結果を手にしても、なぜ溜息が出るのだろう。

なぜ「ずっとこのままでいいのかな？」と思うのだろう。……と。

今、まさしく、個人レベル・地球レベルで波動が上がっている、からなのかな、と思います。

波動をキャッチする私たちの肉体の感覚が意識が、自らに宿した魂の声をキャッチしやすくなっているのだと思います。

つまり、自分に嘘がつけなくなってくる。


魂は何度も伝えてくるからです。

「自分の魂を生きたい！」と。

その意識変容が、ほんとに広い層の方々の中で起こっているのだな、と。

それが2015年以降、私の感じるコトでした。

私は手の甲から貴方の中に宿した魂のカタチを読み解きお伝えしています。
手全体から、その方が抱えている苦しみ、魂のテーマ、ワクワクする生き方、幸せのカタチ
……それらを読み取ります。

その声に従って、自分に軸を置き、ブレずに進む。

それが、「自分らしく生きる」こと。

苦しみを感じない生き方を望むのなら、その方向へ自分で舵取りができます。

2017年は、ますます激しい地球の浄化・変容のスピードが増すと思います。

そのエネルギーの変容は私たちの心身とも同期しています。

今まで抱えていた問題、様々なトラウマや自分の感情を置き去りにしてきた方は、揺さぶられる感覚を受けて、魂の声に気づきやすくなってくると思います。

すでに魂の声に気づいた方は、手放すモノを手放し、自分らしい生き方へシフトするためのサポートを宇宙から受け取りやすくなると思います。


手放すべき、浄化すべきは、各自に刷り込まれてきた固定観念です。今まで作ってきたパターンを壊すこと。

どんなに自分の魂のカタチを理解したとしても、自分の魂を生きていく！　というステージに入るためには、今まで刷り込まれてきた固定観念を壊していく、という克服すべきテーマをクリアしていかないと扉を開けられない。

その方法が分からずに、新しいステージに向かう扉の前でモヤモヤと悩み、苦しむ方たちの声もたくさん聞きました。

現実的に思考優位で生きてきた方には、その固定観念を壊すことがとても苦しい状態だ、ということも、セッションで感じてきました。

２０１５年から、その扉を開ける手前で止まってしまう要因、「どうやってそこを乗り越えていくか？」の方法……そこにフォーカスしたセッションを全国各地で開催してきました。

「自分の魂のカタチを生きる方法」と題したお話の内容は、聞いてくださった方々の魂に響き、このお話を聞いた方々が目の前で覚醒していく瞬間を見るたびに、このお話はたくさんの方々に伝えていくものだと確信し、最も早く伝達する方法として、本として出版するということをずっと描き続けてきました。

２０１７年はますますイメージが現実化するスピードも速まると思います。

その中で、また自分の実体験をもとに、さらに感じて気づいたお話を展開できることを楽しみに思っています。

全て自分の中にアルという意識を皆さんが持ち始め、違いや不足を見つけて頑張ってきた時代から、それぞれの違いや能力を尊敬し合い、融合・統合して平和を作り出す時代になっていくのを感じます。

不安や心配のない世界の住人になるために、皆様が持ってきた様々な魂の癖を、この本を通して手放せることができたらとても幸甚です。

松本良美　Yoshimi Matsumoto

約25年にわたる独学での手相研究を通し、〈自らの魂を生きることが生まれてきた意味〉を着地点に、〈魂のカタチを生きる方法〉を伝えながら、オリジナルの手相観＆リーディングを生み出す。

手の甲からその方に宿った魂のカタチをリーディングするスタイルは日本では唯一無二。

ただ手の平の線を読む、占う、当てる、だけの鑑定を超えて、手の甲・平、手全体から読み取る本来の魂のカタチ、潜在意識の声、自分に合った生き方のアドバイスを伝える。

現在は、群馬・前橋のサロンを拠点に、手相観セッション、手相観講座、ダウジング講座、レイキ講座、クリスタルボウル演奏会など、魂や波動、宇宙について伝えるために様々なツールで全国にて活動中。

松本良美のHP〈劇団松本良美〉http://gekidanyoshimi.com/

浅井咲子　Sakiko Asai

立教大学文学部卒。外務省在外公館派遣員としてロンドンにある日本国大使館で勤務する。在任中、中東やアフリカの諸国を訪れ、異文化のなかでの日本を見直す。

カウンセラーの道を目指すため渡米し、カリフォルニア州のジョンFケネディ大学院で、カウンセリング心理学の修士課程を修了。

オークランドのカウンセリングセンターで研修を終え帰国し、教育委員会、企業内でセラピストとして勤務した。

幸せの秘訣は神経系の在り方であることに着目し、現在は私設セラピストとして、講演、研修、セミナー、執筆などを行っている

（アート・オブ・セラピー　URL：http://www.artoftherapy.net/）。

2012年より被災地（福島）で定期的に自律神経のゲームを実施。

翻訳書に『子どものトラウマ・セラピー』（雲母書房、2010年）、

著書に『自律神経セルフメンテナンス』（NPO法人　ratik 2014年、共著）がある。

神楽坂♥《ハート》散歩
ヒカルランドパーク

スピと科学のタブーを超えて！ 話題の実録セッション本
『100%「魂」のカタチ』特別限定セミナー開催

講師　松本良美　浅井咲子

スピリチュアル系と科学系のセラピストが、同じ舞台に立つこと自体タブー視されてきたこれまでのカウンセリング世界。その常識（本当は今までが非常識！）を打ち破って本音で語り合った話題の実録セッション本『100%「魂」のカタチ』刊行を記念して、特別セミナーを開催します。心に潜む悩みについて、神経科学、潜在・顕在・集合意識の関係性、宇宙の法則等から解説しながら、深奥にある魂レベルにおいて解決していく実践方法を直接伝授。スピリチュアルと科学の領域を超え、本では触れられることのなかった情報も含め会場限定で語り尽くします。また、会場に来ていただいたお客様の中でご希望の方（数名を予定）には、魂のスキャニングをして、波動の癖を診ながらアドバイスもさせていただく予定です。皆さまふるってのご来場をお待ちしております。

日時：2017年11月3日（金・祝）　開場12：30　開演13：00　終了16：00
定員：80名　料金：6,000円　会場・お申込み：ヒカルランドパーク

ヒカルランドパーク
JR 飯田橋駅東口または地下鉄 B1出口（徒歩10分弱）
住所：東京都新宿区津久戸町3－11 飯田橋 TH1ビル 7F
電話：03－5225－2671（平日10時－17時）
メール：info@hikarulandpark.jp
URL：http://hikarulandpark.jp/
Twitter アカウント：@hikarulandpark
ホームページからもチケット予約＆購入できます。

波動の癖を治したら宇宙は全部願いを叶えてくれた！
100％「魂」のカタチ
〜魂で生きるとは、「本音」で生きること〜

第一刷　2017年8月8日

著者　松本良美／浅井咲子

発行人　石井健資

発行所　株式会社ヒカルランド
〒162-0821 東京都新宿区津久戸町3-11 TH1ビル6F
電話 03-6265-0852　ファックス 03-6265-0853
http://www.hikaruland.co.jp　info@hikaruland.co.jp

振替　00180-8-496587

本文・カバー・製本　中央精版印刷株式会社

DTP　株式会社キャップス

編集担当　溝口立太

落丁・乱丁はお取替えいたします。無断転載・複製を禁じます。
©2017 Matsumoto Yoshimi, Asai Sakiko Printed in Japan
ISBN978-4-86471-516-4

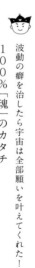

松本良美先生〜波動の癖を治して魂本来の願いを叶える!
《魂のカタチ》診断&ディープヒーリングセッションのご案内

話題の書籍『100%「魂」のカタチ』の著者松本良美先生のプライベートセッションが、「神楽坂ヒカルランドみらくる」で定期開催決定!! 松本先生は日本で唯一、手の甲から人の魂の有り様や潜在意識の声をとらえ、魂が本来望んでいる生き方をズバリ!アドバイスする大人気のセラピスト。超パワフルかつ的確なカウンセリングを通じて、あなたが抱える悩みを根本から解放しませんか? セッション後に、お話の内容から、ヒーリングのための機械 AWG か銀河波動チェアを受けていただき、心身のリラックスとリフレッシュをはかっていただくプログラムを組み入れております。

【プログラム内容】

★松本良美先生の個人セッション1時間〜1時間15分。クリスタルボウル温浴15分〜20分で浄化、波動調整。脳波もシータに到達する感覚に。ご自身の魂=波動を体感するスペシャルセッションになります。

★ヒーリング(リラックス&リフレッシュ) 1時間。身体的に何か感覚を受け取った場合は AWG をご提案、精神的な何らかの感覚を受け取った場合銀河系をご提案させていただきます。

お時間と料金:おひとり2時間半　40,000円(税込)

日程とご予約:お申込み・お問い合わせ等のご連絡は「神楽坂ヒカルランドみらくる」へ。メールもしくは電話にてお受けいたします。
info@hikarulandmarket.com　電話 03-5579-8948

ご希望の日時をお早目にお申込みください。

2017年8月22日(火)
(A)11:00〜13:30　(B)13:00〜15:30　(C)14:30〜17:00　(D)16:00〜18:30
2017年8月23日(水)
(A)11:00〜13:30　(B)13:00〜15:30　(C)14:30〜17:00　(D)16:00〜18:30

(2017年9月以降の開催につきましては、直接「神楽坂ヒカルランドみらくる」までお問い合わせください)

★世界でたった一つ！
あなただけの「魂のカタチ石鹸」
手作りワークショップを開催予定

本書でも大事なメッセージを伝える役割として登場した石鹸（良美×Tulsi の製作コラボ）についての情報＆ご購入は、劇団松本良美のHP にて、確認できるようになっておりますのでご覧ください。
劇団松本良美のHP　http://gekidanyoshimi.com/
HP内の石鹸情報　http://gekidanyoshimi.com/feature/moon_soap/

また今後、自分の魂のカタチを石鹸にしてみよう！　という試みで、世界で自分ひとつだけの「魂のカタチ石鹸」手作りワークショップを「神楽坂ヒカルランドみらくる」で開催していきます。まずはじめに、松本先生があなたの手から〈魂のカタチ〉をリーディングします。そのカタチの特質から、色や香り、質感などに変換してお伝えしながら、それらを石鹸で再現していくのです。石鹸にしていく作業工程のアドバイスは、石鹸作りのエキスパート Tulsi ☆ non さんが担当されます。どんな石鹸が生まれるか？　それは全く予測不能。魂のカタチは皆それぞれ違うのですから当然です。楽しい作業での大事なポイント、それはなりたい自分や願いを石鹸に込めるのではないということ。そのまま本来の自分を石鹸にしていくという気持ちです。完成後にその石鹸を使っていけば、実はもう自分にはすでに全部アル!!　ということに深く気づいていくでしょう。最高の浄化と癒しと深い気づきをもたらす世界でたった一つのあなただけの「魂のカタチ石鹸」。
ぜひこの楽しいワークへのご参加をお待ちしています！

第１回目は2017年９月６日（水）に決定！
料金や開催のお時間など詳細につきましてお問い合わせは、「神楽坂ヒカルランドみらくる」へ。メールもしくは電話にてお受けいたします。
info@hikarulandmarket.com　　電話 03-5579-8948
また、詳細を松本良美先生のHP やヒカルランドのメルマガ等でもお知らせいたします。

松本良美先生×ヒカルランド　今後のコラボ情報

★スタッフもかつてない衝撃体験！
広範囲に伝播する超パワフルなバイブレーション
クリスタルボウル演奏会を開催予定

クリスタルボウル演奏家としても活躍中の松本先生。「神楽坂ヒカルランドみらくる」では、月の節目を選んで、人数限定で定期演奏会も行っていく予定です。演奏地点から放射状に広範囲に伝播していくバイブレーションは、何度もクリスタルボウル演奏を聴いてきたスタッフにとっても初めての衝撃体験でした。全身の細胞が、超パワフルなバイブレーションのシャワーを浴びることになり、大いなる浄化と癒し、歓喜の世界を味わうことになります。魂の深奥まで響きわたる、今まで体験したことのない未知なる次元上昇ゾーンへとあなたを誘うでしょう。松本先生の生演奏を目前でゆったり寝っころがりながら聴くスタイルになります。演奏終了後に松本先生から何らかのメッセージをいただけるかもしれません。また会場内のお客様同士で不思議なシンクロ体験が起きることも!?　開催日など詳細は下記「神楽坂ヒカルランドみらくる」まで。ぜひ遊びにいらしてください、ご参加お待ちしています！

料金：8,800円
お時間と定員：14：00と19：00　各回限定８名を予定
「神楽坂ヒカルランドみらくる」１階で、寝っころがりながら聴いていただきます。
日程などお問い合わせ：詳細につきましてご連絡は「神楽坂ヒカルランドみらくる」へ。
メールもしくは電話にてお受けいたします。
info@hikarulandmarket.com　　電話 03-5579-8948

c．ピアノ即興コース「無条件の愛」
60min.／10,000円
d．「胎児の心音」「大海原」「無条件の愛」
「ジュピター」から選択
120min.／20,000円
e．【２回目以降のお客様限定】
羊水の響きを大好きな音楽でコース
60min.／10,000円

②★銀河波動チェア《星々の響き》

宇宙大自然のエネルギーに満たされて
魂ほっこり深奥のリラクゼーション
時間と空間が織りなす「WAVE のサンクチュアリ」に旅立ち
バラバラになったココロを統合へと導く
神楽坂ヒカルランドみらくるならではの超不思議体験へと誘います！

銀河系400の星々の運行を音に変換し、太陽の発する固有の波長をミックス、さらには地球の鼓動であるシューマン振動数（7.83hz）を加えて出来上がったのがこの《星々の響き》です！　この響きに抱かれて夢幻の領域に旅立てば、あなたの脳、ココロ、カラダは安らぎの中でよみがえり、自律神経が整います！

a．「太陽系テレポーテーションの旅」
60min.／5,000円
b．「a. 太陽系オプションの旅」（宇宙語 VOICEのCD による15分波動調整付き）　60min.／8,000円
c．「銀河系テレポーテーションの旅」
90min.／7,000円

③★《AWG》癒しと回復「血液ハピハピ」の周波数

生命の基板にして英知の起源でもあるソマチッドがよろこびはじける周波数を
カラダに入れることであなたの免疫力回復のプロセスが超加速します！

世界12カ国で特許、厚生労働省認可！　日米の医師＆科学者が25年の歳月をかけて、ありとあらゆる疾患に効果がある周波数を特定、治療用に開発された段階的波動発生装置です！
神楽坂ヒカルランドでは、まずはあなたのカラダの全体環境を整えること！　ここに特化・集中した《多機能対応メニュー》を用意しました。

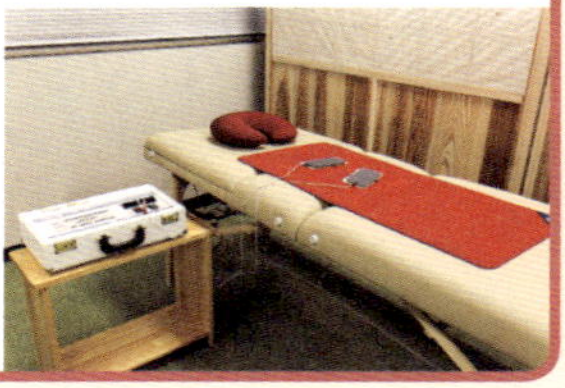

a．「血液ハピハピ＆毒素バイバイコース
(AWG コード003・204)」
60min.／6,000円

神楽坂ヒカルランド
みらくる
Shopping & Healing

神楽坂《みらくる波動》宣言！

神楽坂ヒカルランド「みらくる Shopping & Healing」では、触覚、聴覚、視覚、嗅（きゅう）覚、味覚の五感を研ぎすませることで、健康なシックスセンスの波動へとあなたを導く、これまでにないホリスティックなセルフヒーリングのサロンを目指しています。ヒーリングは総合芸術です。あなたも一緒にヒーリングアーティストになっていきましょう。

神楽坂《みらくる Healing》メニュー

①★音響免疫チェア《羊水の響き》
②★銀河波動チェア《星々の響き》
③★《AWG》癒しと回復「血液ハピハピ」の周波数
④★量子スキャン＆量子セラピー《メタトロン》
⑤★ソマチッド《見てみたい》コース
⑥★磁気不足解消《元気充電マシン》
⑦★脳活性《ブレイン・パワー・トレーナー》
⑧★脳活性《ブレインオン》

①★音響免疫チェア《羊水の響き》

脊髄に羊水の音を響かせて、アンチエイジング！
基礎体温１℃アップで体調不良を吹き飛ばす！
細胞を活性化し、血管の若返りをはかりましょう！

特許1000以上、天才・西堀貞夫氏がその発明人生の中で最も心血を注ぎ込んでいるのがこの音響免疫チェア。その夢は世界中のシアターにこの椅子を設置して、エンターテインメントの中であらゆる病い／不調を一掃すること。椅子に内蔵されたストロー状のファイバーが、羊水の中で胎児が音を聞くのと同じ状態をつくりだすのです！西堀貞夫氏の特製 CD による羊水体験をどうぞお楽しみください。

a．自然音Ａコース「胎児の心音」　60min.／10,000円
b．自然音Ｂコース「大海原」　60min.／10,000円

⑥★磁気不足解消《元気充電マシン》

現代人は地球の磁気不足の影響をもろに受けています。それはコリや痛み、むくみなどのストレスとなってあなたを直撃します！　そんなあなたの細胞に電気パルス信号と磁気をガツンとあてて電圧を正常な状態に誘導します。

『神様からの贈り物コレクション』（ヒカルランド刊）の著者・越山雅代氏が活用して効果をあげているのがこの《元気充電マシン》です！

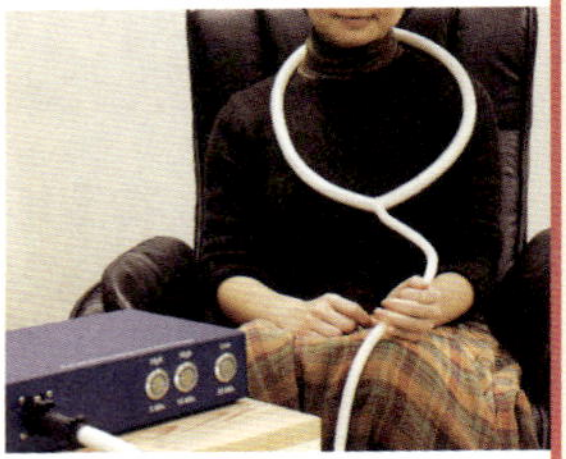

a．まったり♡低パワーコース
15min.／1,500円　30min.／3,000円

b．がっつり！ハイパワーコース
15min.／1,500円　30min.／3,000円

⑦★脳セラピー《ブレイン・パワー・トレーナー》

ストレス脳波をやすらぎ脳「α波」、ひらめき脳「θ波」へ誘導、さらに「151Hz」で97%の人が視力向上！　航空自衛隊でも採用された驚異の実績！

この3つのWAVEを使い分けて脳力UP＆脳活性の最強アイテム！　ストレス解消、仕事効率、学力アップにもバツグンの威力を発揮します！

30min.／1,000円　以下のコースの中からお選びください。

a．「4Hz」瞑想、リラックスコース

b．「6Hz」ひらめき、自然治癒力アップコース

c．「8Hz」地球と同化し幸福感にひたるコース

d．「10Hz」ストレス解消コース

e．「13Hz」集中力アップコース

f．「151Hz」眼の疲れスッキリコース

⑧★脳活性《ブレインオン》

世界中で医療機器として認可取得！　聞き流すだけで脳の活動が活性化し、認知症などあらゆる脳障害の予防・回避に期待できます。

集中力アップや脱ストレス・リラックス効果も抜群です！

30分ごと　2,000円

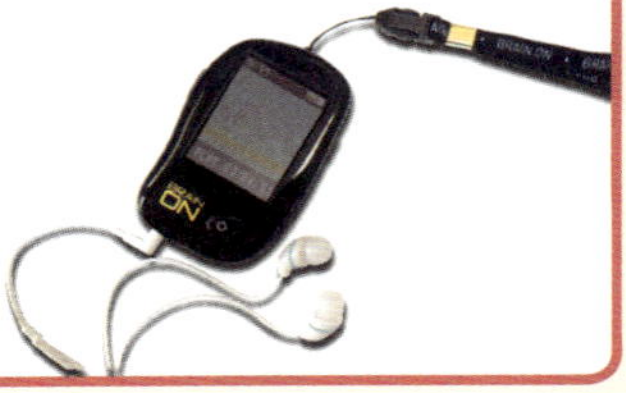

b.「免疫 POWER バリバリコース（AWG コード012・305）」
60min.／6,000円
c.「血液ハピハピ＆毒素バイバイ＆免疫 POWER バリバリコース」
120min.／12,000円

④★量子スキャン＆量子セラピー《メタトロン》

あなたのカラダの中を DNA レベルまで調査スキャニングできる
量子エントロピー理論で作られた最先端の治療器！

筋肉、骨格、内臓、血液、細胞、染色体など――あなたの優良部位、不調部位がパソコン画面にカラー６段階表示され、ひと目でわかります。セラピー波動を不調部位にかけることで、その場での修復が可能！
宇宙飛行士のためにロシアで開発されたこのメタトロンは、すでに日本でも進歩的な医師80人以上が診断と治癒のために導入しています。
a.b. ともに「セラピー」「あなたに合う／合わない食物・鉱石アドバイス」「あなただけの波動転写水」付き

a.「量子スキャンコース」 60min.／10,000円
あなたのカラダをスキャンして今の健康状態をバッチリ６段階表示。ミニセラピー付き。

b.「量子セラピーコース」
120min.／20,000円
あなたのカラダをスキャン後、全自動で全身の量子セラピーを行います。60分コースと違い、のんびりとベッドで寝たまま行います。眠ってしまってもセラピーは行われます。

⑤★ソマチッド《見てみたい》コース

あなたの中で天の川のごとく光り輝く「ソマチッド」を
暗視野顕微鏡を使って最高クオリティの画像で見ることができます。
自分という生命体の神秘をぜひ一度見てみましょう！
（血液採取はご自身で行っていただきます）

a. ワンみらくる 1回／3,000円（ソマチッド観察のみ、セラピーなし）
b. ツーみらくる 2回／5,000円（5,000円未満の波動機器を使ったセラピーの前後に1回ずつ計2回）
c. スペシャルみらくる 2回／3,000円（5,000円以上の波動機器を使ったセラピーの前後に1回ずつ計2回）

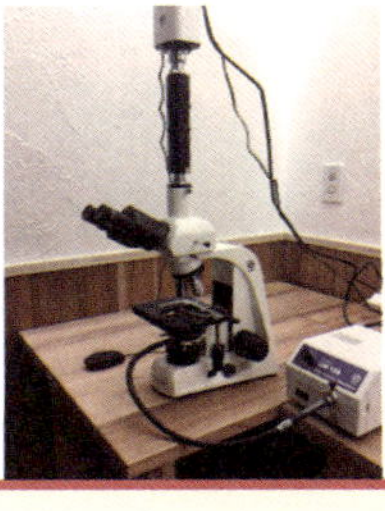

Twin ray ペンダントトップ

18,000円（税込）

ふたりでひとつの光、ふたたびめぐり逢うツインレイ。異なるふたつの水晶が寄り添い、ふたつのポイントの周りには、めぐり逢うための願いを込めた水と虹を表現した光の環を金属で表現。さらに、おたがいを知るサインとなる金属の薔薇を組み入れ、「あなたにふたたび出逢うためにこの星に生まれてきた」ことを表しています。チョーカーから取り外し可能なペンダントトップですので、お手持ちのネックレスやストラップ、バッグチャームなどに付け直して、お好きな使い方で楽しんでいただくこともできます。使用されているレインボーオーラ、アクアオーラは、ともにオーラ系のクリスタル。宇宙意識、高次元の意識に繋がるツールと言われています。潜在能力を覚醒しオーラを癒し、インスピレーションを高めた先に、あなたに必要な人、あなたに必要なできごとが必ず現れることを願うためのアイテムです。

Rainbow rose ブレスレット

35,000円（税込）

女性性を表す優しい色のローズクォーツ、そのまわりに、魂の七色／虹の環をイメージして天然石をちりばめました。どんな素材もすべて光として（七色に）調和するという想いから、ビーズやガラスも使用しています。レインボーローズの花言葉は「奇跡」「無限の可能性」。雨が降った後に虹がでるように、わたしたちの涙も虹となり、幸せのレインボーローズが花開く、そんなポジティブなヴィジョンをイメージしています。体にもチャクラという虹が輝いています。虹色は、全身の気（エネルギー）を整え、邪気除けにもよいとされますので、パワーダウンのときには魔を祓い、願いが叶うきっかけになりますようにとの想いも込めています。オーラ系のクリスタル、フローライト、水晶、様々な石やビーズの組み合わせで、レインボーの環を表現。薔薇のローズクォーツは、愛や優しさの象徴、女性の内面を輝かせるので、恋愛成就にも適していると言われます。

Ayumiブランド

〜天然石・パワーストーンアクセサリー〜

ヒカルランドとのコラボレーションが実現、発売開始 !!

世界であなたにひとつだけのパワーアイテムを──。
「ふたりでひとつ、すべてがひとつ」という究極の宇宙の仕組みをカタチにしたツインレイ・波動アクセサリーたちです。

魂の縁で特別に繋がっているソウルメイト。その中でも最も深い絆で結ばれている究極の相手が《ツインレイ》。片割れの魂、もう一人の自分でもあるこの《ツインレイ》を、普段から意識して感じていくことがいかに大切なことか、その思いの強さが、新しい出逢いや運命を切り開く大切な力になると語るスピリチュアルアーティストのAyumiさん。今回、時空を超えツインレイの魂が織りなす世界をリアルに描いた『だからこの星に生まれてきたんだ』(十和音響著)では、写真とイラストを担当。そしてこの物語からインスピレーションを受けて、Ayumiブランドは誕生しました！　全てがハンドメイドで、天然石・素材には天からのメッセージを照射。唯一無二あなただけのお守りになります！

Ayumiからのメッセージ

『だからこの星に生まれてきたんだ』

「今回、今まで感じたことのない重要なインスピレーションを天から受け取りました。それは、分離した二元世界から、できるだけ速やかに一元世界（ワンネス）に移行しなさいという暗示で、その象徴こそが、ツインレイだと言うのです。ツインレイをもっと身近に感じてもらいながら、波動を上昇させ、魂本来の願いを叶えていく幸運のお守りとして皆さんにお届けできれば……そんな思いからAyumibrandを立ち上げました。分け隔てられたような満たされない気持ちがあっても、ツインレイ波動アクセサリーを通じて、一つに包み込まれ守護されているような温かな感覚を思い出すようになるでしょう。二元世界から一元世界に意識がシフトしていくことで、新たな運命・出逢いにシンクロしていくことになります。そして、今世で本当に《ツインレイ》に出逢えるチャンスが訪れるかもしれません。ツインレイは、互いを思い出すために、何らかのサインを贈り合う約束もしています。そこでツインレイのシンボリックなサイン（蝶、薔薇、貝、羽根など）をデザインにも採用しました。一つ一つ心を通わせ、世界に一つだけの宝物として丁寧にお創り致します」

お申込み＆お問い合わせは、ヒカルランドパークまで。
メール：info@hikarulandpark.jp　　ＵＲＬ：http://hikarulandpark.jp/
電話03－5225－2671（平日10－17時）
＊作品はすべてAyumiひとりのハンドメイドですので、お申込みをいただきましてから製作、完成、送付まで、2～3か月ほどお時間をいただく場合もございます。

Ayumi*brand

約束されている守護を実感、
霊性を高める

Promise
イヤホンジャック＆ストラップ

イヤホンジャック　6,000円（税込）
ストラップ　4,800円（税込）

目に見えなくても、いつでもあなたのそばにいるよ、約束しよう。だから思い出すためのサインをあなたに——。ぼくは白い羽根を、わたしは薔薇を。そして、あらゆる時代をつうじて、おたがいを見守り合う蝶を。だから大丈夫、いつでもそばにいるから……。

イヤホンジャックには、赤い薔薇の花びらをイメージしたガラスのパーツ、金属の薔薇と蝶のモチーフを。ストラップには揺れる白い鳩の羽根、鳩のメッセージをイメージした真白のビーズと、宇宙の輝きをあらわしたラブラドライトを。お互いを見守る約束のモチーフです。

イヤホンジャック、ストラップ。どちらも自然と揺れることをイメージしましたが、何かあるときや、何かを伝えてくれるとき、揺れることでそのサインに気づかせてくれるアイテムになってくれればという想いが入っています。

ラブラドライトは、蝶の羽のような、美しい輝き。《銀河系、宇宙からのメッセージを伝える石》と信じられており、インスピレーションや、霊性を高めるように導いてくれることでしょう。月、太陽を象徴する石でもあり、月がもつ直感力　太陽がもつ活力、陰陽の波動を併せ持っているとも言われています。正反対の二つの波動が、その時々に必要な力を発揮して、いつも、あなたを守ってくれます。

ネガティブエネルギーを
ポジティブエネルギーに変える

大人の手のひらにのるサイズ

Mizutama Orugonaito
オルゴナイトオブジェ

12,000円（税込）

水玉ちゃん・水魂《みづたま》ちゃん。「水玉ちゃん」は、いつでもどこでも誰もが目にする、キラキラ輝く「水玉」です。皆さんの心がその水玉ちゃんに呼応して、言葉ではないなにかを思い出したとき「水魂《みづたま》ちゃん」という姿に変化することでしょう。目に見えるものと見えないものを繋ぐ素敵な一瞬のお手伝いをしてくれる、かわいくて不思議なキャラ。ずっとまえからの友達であり、わたしたちの分身です。

そんなみづたまちゃんがいつでも《ちょこん》とそばにいたら･･･そんな想いから、貝殻の中に海の世界をイメージして、小さなオルゴナイトをのせ、可愛いオブジェにしてみました。マイナスイオンを発生し、電磁波などをブロックすると言われるオルゴナイト。パソコンのまわりや寝室、お好きな場所にあなただけのみづたまちゃんオブジェを置いてみてはいかがでしょうか？オルゴナイトは、自然界のエネルギーを吸収し、ネガティブエネルギーをポジティブエネルギーに変換しオルゴンエネルギーを発生する装置。クリスタルを中心に埋め込み天然石、金属片と共に樹脂で固めて創られます。

Mizutama
ブレスレット

18,000円（税込）

心身のエネルギーを癒し活性化、
宇宙意識を目覚めさせる

あなたのそばには、かならず優しく見守る存在がいることを心から信じてほしい──。大小の水晶は、ツインの水玉（水魂《みづたま》）ちゃんを表現しています。真ん中には金属の蝶を配置。その周囲には水晶と虹色に輝くレインボーオーラを。蝶の対面には根源を意味する大きなアクアオーラをひと粒置いています。この配置は対極の世界観を表現し、両極どちらを前にしても使用可能な創りにしています。蝶のモチーフは、取り外しが可能。ご希望により貝殻、光、羽根に変更もできます。

パワーストーンのなかでもっとも高い波動で万能な存在として知られる水晶。浄化や調和などあらゆる面でわたしたちをサポートしてくれる心強い石です。レインボーオーラ、アクアオーラは、加熱した金属を水晶に蒸着させるため水晶のパワー、金属のパワー、両方を併せ持つ科学と自然が融合したヒーラーの石と言われます。神秘的な虹色に輝くシャボン玉のようなレインボーオーラは、宇宙意識、また高次元に繋げる力を持つとされます。浄化能力が高くとても強いバイブレーションで、心身のエネルギーを活性化し潜在意識に働きかけ才能や能力を引き出すと言われます。アクアオーラは、海を連想させるアクアブルーの輝き。感覚、インスピレーション、表現力を高めたり、トラウマを癒す力が強いとも言われています。また、レインボーオーラと同様、宇宙意識と繋げるアンテナの役割もすると言われます。

本といっしょに楽しむ ハピハピ♥ Goods&Life ヒカルランド

カタカムナの宇宙エネルギーで丹田を守る

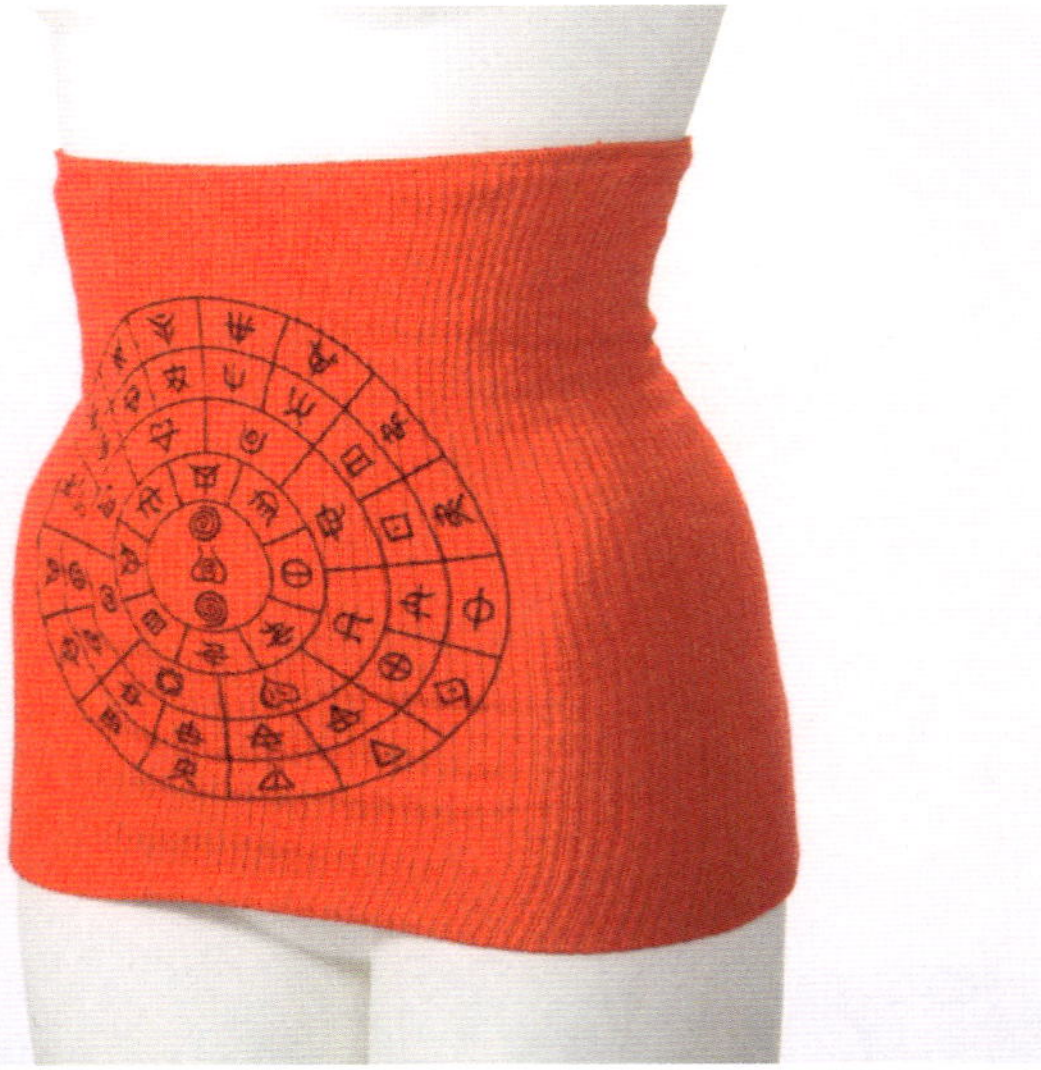

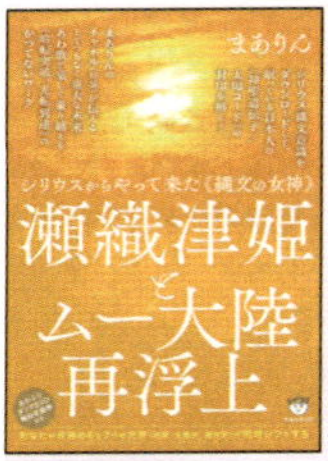

『瀬織津姫と
ムー大陸再浮上』
まありん著

まありん腹巻き
4,320 円（税込）

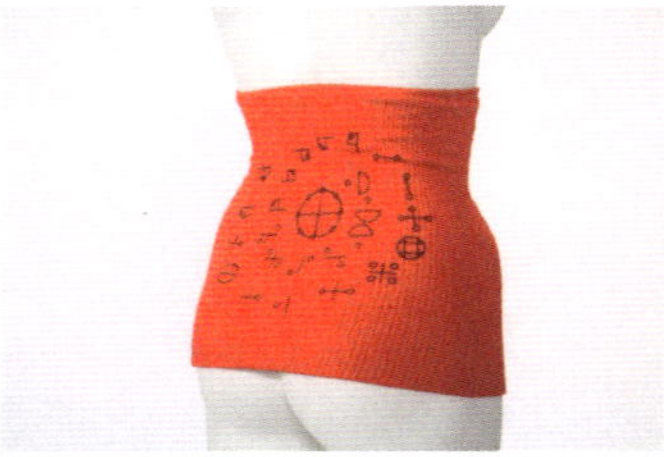

カタカムナは超古代から日本に伝わる神代文字。ヲシテ文字は、縄文時代の神代文字で、どちらも宇宙のエネルギーを文字として表現しています。
2つとも超強力な形霊ですが、それを肌につけることでオーラ内にその形霊のエネルギーがインプリントされ、肉体レベルで宇宙エネルギーを体感できます。肌触りが良く、洗濯してもへたれません。カラダにぴったりフィットし、カラダをしっかり温めてくれます。よく伸びるので、どんな体型の方にもオススメです。縦に長さがありますので、2重に折り込んでお使いください。
寒さ対策はもちろん、妊婦さんや、妊活中の女性にも最適です。子宮を形霊パワーで温めて、胎児を守ったり、女性性をアップさせてください。身につけていただくことで肚と腰に力が入り、地に足が着くという声も頂いています。
●素材：国産綿97%、ナイロン2%、ポリウレタン1%
●カラー：赤

【お問い合わせ先】ヒカルランドパーク

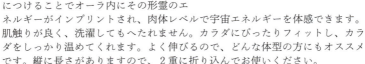

本といっしょに楽しむ ハピハピ♥ Goods&Life ヒカルランド

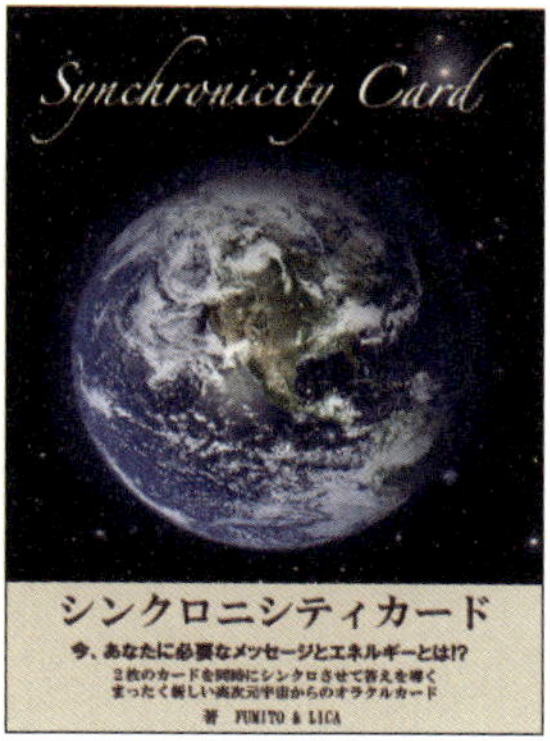

シンクロニシティカード
著者：FUMITO、LICA
カード　本体3,000円＋税

今、あなたに必要なメッセージとエネルギーとは⁉　２種類のカードを同時にシンクロさせて答えを導く、まったく新しい高次元宇宙からのオラクルカード誕生‼　高次元存在（天使たち）からの無限の愛あふれるメッセージカード33枚とカラーカード11枚（計44枚）で構成された２種類のカードを同時に引くことで、シンクロされた組合せが浮かび上がり、答えが導き出されます。目に見えない多次元意識体（UFO、オーブ、精霊たち）を映した貴重な写真も数多く使用され、高い波動とともに温かくサポートしています。大反響大増刷中！

こころ癒せばもっと加速する
奥平亜美衣の《あなたが本当に幸せになる》引き寄せカード
著者：奥平亜美衣、長谷川里佳
カード　本体3,700円＋税

「引き寄せの法則」のベストセラー作家・奥平亜美衣さんが贈る初めてのオラクルカード！
ベストセラー著書『あなたが本当に幸せになる方法』（ヒカルランド刊）とツインとなるカードです。亜美衣さんの引き寄せのエッセンスがすべて入った50の珠玉メッセージと、ヒーリングアーティストの長谷川里佳さん渾身の描き下ろしパステル画50枚のコラボレーション。――文と構成を亜美衣さん、イラストを長谷川さんが担当。かつてない《引き寄せオラクルカード》が誕生しました！　引いたカードを飾る「専用カードスタンド」付き！

ヒカルランドパーク取り扱い商品に関するお問い合わせ等は
メール：info@hikarulandpark.jp　URL：http://hikarulandpark.jp/
電話：03-5225-2671（平日10-17時）

ヒカルランド　好評既刊！

地上の星☆ヒカルランド　銀河より届く愛と叡智の宅配便

世界は自分で創る〈上〉
著者：Happy
四六ソフト　本体1,620円+税

あなたが本当に《幸せ》になる方法
著者：奥平亜美衣
四六ソフト　本体1,685円+税

次元間トラベリング
著者：FUMITO／LICA
B6ソフト　本体1,556円+税

電波妻
著者：TAIZO
四六ソフト　本体1,667円+税

引き寄せの法則 もっと人生☆ワクワク楽しもう！
Universal Share Project Book ① 日比谷公会堂 9.21
著者：Happy　さとうみつろう　奥平亜美衣　LICA　FUMITO　Yakochan
四六ソフト　本体1,500円+税

引き寄せの法則 もっと人生☆ワクワク楽しもう！
Universal Share Project Book ② TOKYO DOME CITY HALL 10.2
著者：パム・グラウト
Happy　さとうみつろう　奥平亜美衣　LICA　FUMITO　Yakochan
四六ソフト　本体1,500円+税